AF391926

Das Buch versammelt Essays zur Kulturgeschichte der Stadt und Architektur. Sie handeln von der Endzeit der Stadt, dem Leben in der Unterwelt, den Überresten von Verfall und Zerstörung, von der Architektur nach der Geschichte und im Jenseits.

Wolfgang Sofsky, 1952 in Kaiserslautern geboren. 1993 Geschwister-Scholl-Preis, 2015 Holbach-Preis. Weitere Werke: Die Ordnung des Terrors (1993), Traktat über die Gewalt (1996), Zeiten des Schreckens (2002), Einzelgänger. Erzählungen (2013), Weisenfels. Roman (2014), Todesarten. Bilder der Gewalt (2015), Prinzip Sicherheit (2016), Lautlos. Kurze Geschichten (2017), Denkbilder (2017), Koalitionen (2017), Privatheit (2018), Laster. Gesichter der Unmoral (2018), Luftgeister (2019), Macht und Stellvertretung (2019), Mysons Gelächter. Alte Geschichten (2020). Seine Bücher wurden in über zehn Sprachen übersetzt.

Wolfgang Sofsky

Stadt, Endzeit, Architektur
Essays

© 2022 Wolfgang Sofsky
Erste Auflage 2022
Independently published by the Author:
Wolfgang Sofsky, Bovenden
KDP Independent Publishing, London, Leipzig, Wroclaw
Printed by Amazon Leipzig/Wroclaw
ISBN: 9798360234883

Die Stadt Sodom und die Stadt Gomorrha
Denkt ihr euch am besten ganz wie unsere Städte.
So wie unsre Stadt Berlin und unser London.
Weder prächtiger noch schmutziger, weder
Reicher, noch auch ärmer, unbewohnbar
Und doch unverlaßbar, ganz wie London
Und Berlin war Sodom und Gomorrha.

Ihre Sünden waren wie die unsern
Schal und schamlos. Mit der goldenen Scharre
Kratzte sich der Aussatz, und der Lorbeer
Welkte hin von der Berührung
Dieser Stirnen. Und ein Lachen
Stieg aus Gärten auf, und aus Fabriken
Stieg ein Rauch.

Bertolt Brecht

Inhalt

Schreckbild Stadt.
Stationen moderner Stadtkritik

Als der ältliche Griesgram Matthew Bramble, die Haupt-
figur in Tobias Smolletts Briefroman „Humphry Clin-
ker" von 1771, nach Jahren wieder einmal London auf-
sucht, überfallen ihn Angst und Beklemmung. Eine gewaltige Bauwelle hat das vormals freie Feld mit Häusern, Gassen und Plätzen überzogen. Wie ein monströses
Krebsgeschwür überwuchert die Metropole das Land
und verzehrt die Kräfte der Nation. Auf ihren Straßen
tummelt sich allerlei Gesindel. Müßiggang und Korrup-
tion, Amüsement und Luxus haben Sitte und Moral aus-
gehöhlt, und auch die altbekannte Ordnung der Stände
ist gänzlich aus den Fugen geraten.

*„Der Handlanger, der Schlosser, der Schankbursche,
der Gastwirt, der Krämer, der Rechtsverdreher, der Bürger und der Höfling, alle treten sich gegenseitig auf die
Fersen. Besessen vom Teufel der Zügellosigkeit und Ausschweifung sieht man sie spazieren, kutschieren, reiten,
rennen, rempeln, springen, knallen und fallen - ein einziges widerwärtiges Durcheinander von Dummheit und
Verdorbenheit. Alles ist Tumult und Hetze, man könnte
meinen, eine Störung im Gehirn, die sie nicht zur Ruhe
kommen läßt, halte sie ständig in Trab. Die Passanten
rennen über die Gassen, als ob ein Büttel hinter ihnen
her sei; Träger mit Sänften und Lasten eilen im Lauf-
schritt dahin; Leute jagen mit ihren Equipagen in vollem
Tempo durch die Stadt, Ratsherren, Ärzte und Apotheker
sausen in ihren Kutschen blitzschnell vorbei. Die*

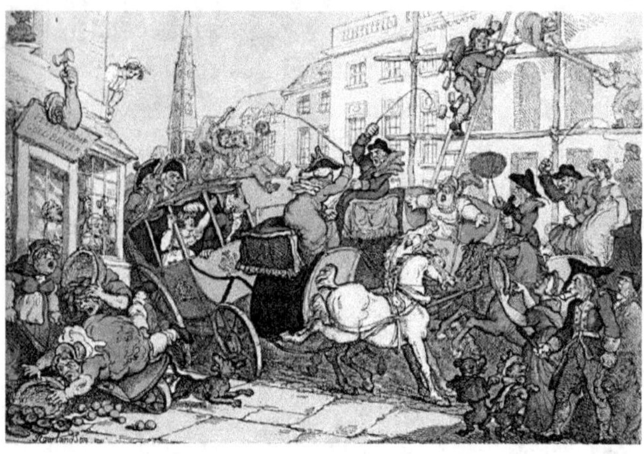

London, damals mit 800.000 Einwohnern die größte
Stadt des Abendlandes, hat alle vertrauten Maßstäbe ver-
rückt: die alten Regeln des sozialen Umgangs, die höfischen Gebote der Schicklichkeit, die gewohnte Stufen-
leiter der Zünfte und Berufe und das Tempo der Fortbewegung. Auf der Straße, die weder Fußsteige noch ge-
trennte Fahrbahnen kennt, scheinen alle gesellschaftlichen Unterschiede eingeebnet und jedermann dem anonymen, unaufhaltsamen Verkehrssog unterworfen zu
sein. Bürger und Höflinge, Meister und Gesellen, Herren
und Dienstboten treffen, prallen aufeinander und werden
augenblicklich von dem Menschenstrudel weitergespült.
Im Irrenhaus der Großstadt begegnet der Neuankömm-

ling nur Fremden, die selbst gerade erst dabei sind, neue Formen des gesellschaftlichen Verkehrs zu entwickeln.

Dem Besucher indes, der lediglich die gemächliche Geschwindigkeit des Landlebens kennt und nur kurz in der Metropole weilt, entgeht, womit jeder Städter rasch vertraut wird: daß auch der chaotische Straßenverkehr seine Klassenordnung hat. Schutzlos ist das Fußvolk den Fahrkünsten der Fuhrleute, Kutscher und Kabriolettlenker ausgeliefert. Unfälle sind an der Tagesordnung, und oft sind die Ärmeren die Opfer, die sich den Luxus der Mietwagen nicht leisten können. Die Hierarchie der Stände, die in der Menge aufgehoben scheint, kehrt in der Vorfahrt der Karossen und Equipagen wieder.

Hetze, Chaos, Rivalität und die Furcht vor dem Unbekannten, all dies gehört zu den ersten Eindrücken, die sich dem Reisenden in der Stadt aufdrängen. Aber trotz aller Verstörung behält Smolletts Romanfigur noch Distanz zum Geschehen. Sie verliert sich nicht im Labyrinth, im Dickicht der Stadt, sondern läßt die Ereignisse vor ihrem moralisch gefestigten Blick vorüberziehen. Smollett schildert die Metropole nicht als undurchdringlichen Dschungel, er hält sich in gebührender Entfernung. Wie der begüterte Bürger nach der Erledigung seiner Geschäfte in sein Landhaus zurückkehrt, um dort den bodenständigen Adel nachzuahmen, so rettet sich Matthew Bramble vor den Schrecknissen der Stadt in die Gefilde Arkadiens. Der Fluchtweg aufs Land, zur Natur, ins Grüne ist seit je der Königspfad des antiurbanen Bewußtseins. Schon die Florentiner Oberschicht des 13.

Jahrhunderts floh in ihre Landhäuser, ebenso der Adel Venedigs in seine Villen an der Brenta.

*

Neben aufklärerischen Fortschrittsmythen wird die Geschichte der Moderne begleitet von romantischen Mentalitäten und Motiven. Lange vor dem Elend in den Industriestädten entzündet sich die Polemik gegen die neue, urbane Lebensform an den Hauptstädten des 18. Jahrhunderts, an London und Paris. Seitdem gilt das Unbehagen an der modernen Kultur nicht nur der Technisierung der Arbeit, der Anonymität des bürokratischen Zentralstaates und der Aufspaltung der Lebenswelt in separate Funktionsbereiche, sondern ebenso dem Ort, an dem sich der Prozeß der bürgerlichen Gesellschaft vollzieht: der „großen Stadt". Und es ist keineswegs ein spezifisch deutscher Affekt, der die vermeintlich heile Dorf- und Kleinstadtidylle gegen die versachlichte Kultur der Großstadt ausspielt. Der Antiurbanismus ist international, in Deutschland wurde der Kanon der vorgeprägten Topoi nur mit Verspätung aufgenommen und gewann dort seine charakteristische Radikalität.

Welche merkwürdigen Koalitionen die Aversion gegen die Stadt zusammenführt, zeigt bereits ein kursorischer Rückblick auf die ersten französischen Attacken gegen Paris. Nachdem sich Ludwig XIV. nach dem Aufstand der Fronde nach Versailles zurückgezogen hatte, warnte sein Finanzchef Colbert vor dem unkontrollierbaren Wachstum der Hauptstadt. In Paris braue sich Unheil über dem Sonnengott zusammen, gebiete man der Land-

10

flucht nicht rechtzeitig Einhalt. Die Stadt zerstöre das natürliche Gleichgewicht der Nation, sie entvölkere das Land und bedrohe die politische Ordnung. Für die ökonomischen Kalkulationen des Physiokraten Quesnay, der für Diderots „Enzyklopädie" den Artikel „population" verfaßte, war die Metropole ein künstlicher, unproduktiver Wasserkopf, der die nationale Wertschöpfung aufbraucht, unverheiratete Dienstboten anlockt und so die biologische Selbstzerstörung des Königreichs betreibt. Paris reißt das Land in den politischen und wirtschaftlichen Ruin.

Aus der Froschperspektive der Einwohner erlebte man die vom Hof besteuerte und streng überwachte Stadt hingegen eher als ein kollektives Gefängnis. Kurz vor der Revolution gegen das Ancien Régime notierte der republikanische Reporter Louis Sébastien Mercier in seinem „Tableau de Paris", einer Fundquelle sozialkritischer Alltagsberichte: *„Überdies sind die großen Städte genau nach dem Geschmack der absolutistischen Regierung. Sie tut alles, um Paris mit Menschen vollzustopfen; die großen Herren lockt sie mit Luxus und Genüssen - die Massen treibt sie in den Pferch wie Lämmer, auf daß es den Schäferhunden leichter falle, die Herde zusammenzuhalten und den Gesetzen Geltung zu verschaffen. Und schließlich ist Paris ein großer Kessel, in dem die Menschheit unter sicherem Verschluß gehalten wird."*

Mercier, der Städter, kannte die Verpestung der Umwelt, das Elend der Unterschichten und den modischen Glanz des Reichtums aus eigener Anschauung und aufgrund intensiver Recherchen. Sein intellektueller Mentor, der über der Stadt den Bannfluch der moralischen Verderbnis verhängte, zog es dagegen vor, die Pariser Umgebung mit der Botanisiertrommel zu durchstreifen. Jean Jacques Rousseau sah in der Hauptstadt nur das Zentrum des zivilisatorischen Verfalls, einen Ort der Niedertracht, Hochstapelei und Selbstsucht. Die Gier nach Beifall, Ansehen und Ruhm trete an die Stelle der Tugend. Das ausgeklügelte Rollenspiel und die gefällige Selbstdarstellung überdecke jede aufrichtige Begegnung der Menschen. Anstatt sich selbst wahrhaftig und authentisch zum Ausdruck zu bringen, frönten sie dem Müßiggang und beließen es bei unverbindlichen Kontakten. Nicht Familie, Arbeit und Bürgerpflicht, nicht Willensstärke und Charakter zählten in Kosmopolis, sondern einzig Konvention, Spiel und Vergnügen. Paris sei ein einziges Theater, eine Schaubühne, auf der die Menschen Personen darstellen und dadurch nicht nur den wahren Bürgersinn verfehlen, sondern auch sich selbst. So treffen sich am Ende Staatsräson, Kulturkritik, ökonomische Besorgnis und republikanische Revolte in der gemeinsamen Verdammung der Metropole. Der Kulturschock der großen Stadt vereint die politischen Fronten - und verleitet zu antiurbanen Utopien.

*

Zur politischen Vorsicht und moralischen Entrüstung gesellt sich die ästhetische Irritation. Die Stadt verwirrt die Sinne, sie ist ein grandioses Spektakel, das ungehindert auf die schutzlosen Sinne einstürmt. Immer neue Reize ziehen den Blick auf sich, immer neue Geräusche überlagern, verdrängen einander, besetzen das Ohr, das sich nicht schließen läßt. Die unverbundenen Eindrücke steigern sich zum Bilderwirbel, die Geräusche schwellen an zu dröhnendem Getöse. Abrupt wird der Betrachter von Situation zu Situation, von Ereignis zu Ereignis geschleudert, bis keiner mehr weiß, wo ihm der Kopf steht.

„O welch ein Ansturm auf das Aug' und Ohr! Was für ein Lärmen und anarchisches Getöse - höllisch und barbarisch - ein Phantasma, ungeheuerlich durchaus, an Farbe, Form, Bewegung, Laut und Anblick! (...) Da zetern Affen, von der Schaukel baumelnd; da wirbeln Kinder rund in Karussellen; da ist ein Köpferecken, Blickverdrehen, da wird die Masse angelockt mit Stimmen, die sich im Wettstreit überschlagen; und da eifern Possenreißer miteinander im Gliederrenken, Schrein, Grimassenschneiden, (...) Wachsbilder, Glockenspiele, Zauberkünste moderner Magier, Raubzeug, Marionetten - Abseitiges, Gesuchtes, übertriebener Unfug, Mißbildung alles, wider die Natur, willkürlich ausgedacht vom Hirn des Menschen in prometheischer Gedankenzeugung; sein blöder Stumpfsinn, sein verrücktes Wähnen und was daraus als Heldentat hervorging - all dies ist hier vermengt, vermantscht und bildet ein Parlament von Monstren.“

Die Szenerie des Volksfestes von Sankt Bartholomäus, die William Wordsworth 1805 in seinem autobiographischen Gedicht „The Prelude or, Growth of an Poet`s Mind" schildert, steht als Gleichnis für die ganze Stadt. London ist ein Jahrmarkt, ein Tanzplatz der Sensationen, der Schaulust und des Sinnenrauschs. Die Metropole des Welthandels bricht nicht nur mit der überkommenen Lebensweise, vor allem schockiert sie die Sinne. Es sind nicht allein die unbekannten Eindrücke, die fremden Menschen und Dinge, die kuriosen, exotischen Attraktionen, die den dünnen Reizschutz der Menschen verletzen, es ist vielmehr die grundlegende Veränderung der Wahrnehmungsweisen und der Erlebniszeit, welche die Menschen überwältigt.

In der Stadt wird der innere Strom der Erfahrungszeit auf den Zeitpunkt, auf die diskontinuierliche Abfolge von Jetztpunkten reduziert. Überraschendes und Plötzliches bricht in das Wahrnehmungsfeld ein, zerrüttet seine Struktur und verhindert dadurch die allmähliche, gelassene Erweiterung des Wissens. Die Übermacht der Stadt, ihre Autonomie als soziales Gebilde, zeigt sich zunächst an dieser Oppression der Sinne. Das Wahrnehmen ist keine Handlung, keine auswählende Tätigkeit mehr, sondern ein Widerfahrnis. Der gewaltsame Überfall der Ereignisse kehrt das gewohnte Verhältnis zwischen Subjekt und Objektwelt, zwischen Aktivität und Passivität um. Nicht die Sinne ergreifen die Stadt, die Stadt bemächtigt sich der Augen und Nasen. Ihr akustischer Wildwuchs rührt an die Grundlagen der menschlichen Kommunikation. Der Topos von Babylon, der bis heute gegen die moderne Großstadt angewendet wird, findet hier seine natürliche Bestätigung. Der Lärm, die stetige Geräuschkulisse und das chaotische Stimmengewirr der Fremden blockieren jede Verständigung.

Doch Babylon ist auch eine verführerische Hure. Zwar konnte um 1800 der „perambulator", der anders als der spätere Pariser Dandy wie ein aktiver Sozialreporter durch London wanderte, sich noch nicht in der organisierten Warenästhetik der Passagen und Kaufhäuser verirren. Aber dafür lockten zahllose Auslagen, Wappen, Firmenzeichen und Schilder, Riesenlettern an den Häuserfronten und Goldmedaillen über den Türen. Auf der Straße boten Schausteller, Kleinkünstler und Händler ihre vielfältigen Waren und Dienste feil. Die Höker priesen mit findigen Vorführungen ihre Güter an, unzählige Krämer und Handwerker warben für allerlei nützliche und unnütze Dinge, gewitzte Trödler tauschten verschlissene Fetzen gegen neue Gewänder, und an den Toreinfahrten präsentierten die öffentlichen Mädchen dem Freier ihre Reize. All dies verstörte den Wanderer, aber faszinierte ihn zugleich. Der Glanz der Dinge blendet das Auge und betört die Sinne. Die Angstlust des Jahrmarktes, die Lust am Zauber der Gefahr, fesselt die Begierde und ruft doch sogleich moralische Entrüstung hervor, ja, die moralische Aversion scheint gerade dort am ausgeprägtesten zu sein, wo die ästhetischen Verwirrungen und Verführungen sich am stärksten aufdrängen.

Wenn jedoch das Einzelne in der Mannigfaltigkeit der Sensationen untergeht, verschwimmen auch die Kontraste. Nach der passiven Impression breitet sich Leere aus. In der überkomplexen, ungeordneten Sinnenwelt der Weltstadt verlieren sich die Unterschiede und damit auch die Bedeutungen: *„O sinnentleere Wirrnis!"*, heißt es bei Wordsworth, *„Wahrer Abriß des, was die mächtge Großstadt selber ist für abertausende von ihren Söhnen, die in dem stetig gleichen wilden Wirbel nichtssagender Objekte leben müssen: Zu unfruchtbarer Gleichheit wer-*

Daß die Abstumpfung gegenüber den Differenzen ihre materielle Ursache jedoch weniger in der vielbeklagten Reizüberflutung, als vielmehr in der Monetarisierung der Sinnenwelt, in ihrer Verwandlung in käufliche Güter hat, dies kann erst ein analytischer Blick hinter die Scheinwelt der Fetische offenbaren. Die Großstadt ist der Mittelpunkt der modernen Geldwirtschaft. Das Geld ist der Zauberschlüssel zu allen Schätzen, es ist das Maß aller Dinge, der Wert aller Werte, das absolute Mittel für jedes Ziel. Was es in seinen Bann, in seinen Kreislauf zieht, verliert unweigerlich seinen besonderen Wert. Denn das Geld selbst ist farb- und charakterlos, es ist das Ding ohne Eigenschaften. Alles bringt es auf denselben Nenner, und je mehr man für Geld haben kann, desto wertloser wird das Einzelne.

„Die Dinge erscheinen dem Blasierten in einer gleichmäßig matten und grauen Tönung, keines wert, dem anderen vorgezogen zu werden. Diese Seelenstimmung ist der getreue subjektive Reflex der völlig durchgedrungenen Geldwirtschaft; indem das Geld alle Mannigfaltigkeiten der Dinge gleichmäßig aufwiegt, alle qualitativen Unterschiede zwischen ihnen durch Unterschiede des Wieviel ausdrückt, indem das Geld, mit seiner Farblosigkeit und Indifferenz, sich zum Generalnenner aller Werte aufwirft, wird es der fürchterlichste Nivellierer, es

höhlt den Kern der Dinge, ihre Eigenart, ihren spezifischen Wert, ihre Unvergleichbarkeit rettungslos aus."
So wird Georg Simmel 1903 in „Die Großstädte und das Geistesleben" die Umwertung der Dinge in monetäre Tauschwerte beschreiben. Durch diese Transformation der Dinge in Äquivalente des Handels, erzeugt das Geld die großstädtische Mentalität der Gleichgültigkeit und ordnet doch zugleich die chaotische Mannigfaltigkeit der sinnlichen Reize.

*

Am 29. Juli 1801 sendet Heinrich von Kleist einen Brief an Adolfine von Werdeck, der von den ersten Eindrükken seines Paris-Besuchs berichtet: *„Zuweilen gehe ich mit offenen Augen durch die Stadt, und sehe - viel Lächerliches, noch mehr Abscheuliches, und hin und wieder etwas Schönes. Ich gehe durch die langen, krummen, engen, mit Kot und Staub überdeckten, von tausend widerlichen Gerüchen duftenden Straßen, an den schmalen, aber hohen Häusern entlang, die sechsfache Stockwerke tragen, gleichsam den Ort zu vervielfachen, ich winde mich durch einen Haufen von Menschen, welche schreien, laufen, keuchen, einander schieben, stoßen und umdrehen, ohne es übelzunehmen, ich sehe jemanden an, er sieht mich wieder an, ich frage ihn ein paar Worte, er antwortet mir höflich, ich werde warm, er ennuyiert sich, wir sind einander herzlich satt, er empfiehlt sich, ich verbeuge mich, und wir haben uns beide vergessen, sobald wir um die Ecke sind."*

Wir wissen, daß Kleist seine Erlebnisse für sprachliche Stilübungen benutzte und seine Textproben mehrfach in seine Briefe einzumontieren pflegte. Was hier als spontane Expression erscheint, ist in Wahrheit eine wohlstilisierte Darstellung, die konventionelle Muster der Straßenbeschreibung aufnimmt. So arg kann das Gewühl, das Geschrei, Geschiebe und Gekeuche nicht gewesen sein, wie es Wörter und Syntax suggerieren. Offenbar nimmt kein Passant dem anderen die Belästigung übel, ja, es scheinen bereits Umgangsregeln in Kraft zu sein, die den sozialen Kontakt dosieren. Den sensiblen Preußen verstört nicht die Brutalität des städtischen Verkehrs, die Smollett so beklagt hatte, sondern die Dissoziation der Menschen, ihre Vereinzelung und Isolation in der Menge. Die Begegnung des Gesprächs kommt nicht zustande, wenn es jeder beim flüchtigen Blick- oder Wortwechsel beläßt. Man erblickt den anderen, weicht ihm behende aus, um die eigene Körperzone zu schützen, und vergißt ihn sogleich. Der soziale Austausch, der persönliche Wärme und Intimität verspricht, ist schon zu Ende, ehe er begonnen hat. Zwischen den Fremden, die die Großstadt auf Tuchfühlung zusammendrängt, herrscht der Frost sozialer Entfremdung.

Die Menge ist die für die Großstadt typische Form des Sozialen. Trotz der zusammengewürfelten Dichte und heterogenen, klassenübergreifenden Zusammensetzung hat jedoch auch die serielle Menge ihre heimliche Ordnung. Zeichen und Gesten markieren die Pfade durch das Gedränge, Gruß- und Höflichkeitsrituale bekunden Kontaktbereitschaft, typische Ausweichbewegungen des

Körpers sorgen für Abstand und forsche Gehweisen sichern Vorsprünge beim Kampf um die kürzesten Wege. Freilich gelten in der Menge weder die Normen der Zusammenarbeit noch gar der persönlichen Gemeinschaft. Die Menge ist kein Ort intimer Selbstoffenbarung, im Gegenteil: Die Regeln des Nebeneinander ersparen den Menschen unerwünschte Begegnungen und lästige Kontakte. Denn Freiheit in der Stadt bedeutet zunächst, trotz körperlicher Nähe von anderen unbehelligt zu werden.

Aber wie das Chaos der Waren und Dinge den Betrachter zugleich abstößt und fesselt, so hat auch die Menge einen doppelten Gefühlswert. Sie vereinzelt den Fußgänger und umhüllt ihn gleichzeitig. Der flanierende Privatmann gibt sich den Ereignissen hin und genießt das wechselvolle „Bad in der Menge", in der ihn keiner kennt.

„Für den vollkommenen Flaneur, für den passionierten Beobachter ist es ein ungeheurer Genuß, in der Masse zu hausen, im Wogenden, in der Bewegung, im Flüchtigen und Unendlichen. Außerhalb seines Heims zu sein, und doch sich überall bei sich daheim zu fühlen; die Welt zu sehen, im Mittelpunkt der Welt zu sein, und der Welt verborgen zu bleiben: das sind ein paar der geringsten Genüsse dieser unabhängigen, leidenschaftserfüllten, unvoreingenommenen Geister."

So charakterisiert Charles Baudelaire in seiner Hommage an den Zeichner, Maler und Illustrator Constantin Guys das Dasein des urbanen Dandys. Seine umherirrende Seele sucht sich einen fremden Körper, schlüpft in

die Hülle des anderen hinein, vermählt sich mit ihm -
und fliegt schon hinüber zum nächsten. Mit fieberhafter
Beweglichkeit schweift sie, wie in einem orgiastischen
Rausch, von Szene zu Szene, von Maske zu Maske, läßt
sich treiben, identifiziert sich, prostituiert sich, ohne sich
je selbst zu verlieren. Für den Dandy Baudelaire, in dessen Werk die großstädtische Menge so allgegenwärtig
ist, daß sie nie eigens beschrieben wird, gleicht die Pro-
menade einer erotischen, geradezu symbiotischen Erfahrung. Ihm ist die Einsamkeit des Flaneurs keine Bürde,
sondern die Voraussetzung seiner Lebensform. Alles
nimmt er hin, als ob es ihn selbst beträfe, und nur dieser
Passivität gegenüber den Genüssen der Menschenflut
verdankt er seine Selbständigkeit, seine Identität, seine
Existenz.

Unbestreitbar ist der Dandy ein gesellschaftlicher Au-
ßenseiter. Er betrachtet die Menge von außen, stürzt sich
hinein, überläßt sich kurzzeitig ihrem Sog, um sich alsbald herauszustehlen und sich zu entfernen. Die meisten
Passanten jedoch schlendern nicht gelassen durch den
geordneten Straßentumult, sondern durcheilen ihn auf
dem Weg zu ihren individuellen Zielen. Wer es eilig hat,
dem ist die Menge kein Rauschmittel, sondern ein Ver-
kehrshindernis. Unter dem Regiment des Privateigentums begegnet der andere auch auf der Straße als Rivale
um die Zeit.

*„Diese Hunderttausende von allen Klassen und aus al-
len Ständen, die sich da aneinander vorbeidrängen, sind
sie nicht alle Menschen mit denselben Eigenschaften und
Fähigkeiten und mit demselben Interesse glücklich zu*

Friedrich Engels Sicht der Londoner Straßenszenerie ist neu. Smolletts konservative Klage über die vermeintliche Nivellierung der Stände ist dem demokratischen Postulat nach dem gleichen Glück für jedermann gewichen. Wordsworths sinnliche Konfusion hat dem diagnostischen Blick für die Entfremdung der Privatleute Platz gemacht, und Kleists private Enttäuschung über die soziale Entfernung erweist sich im nachhinein als Zeichen für ein gesellschaftliches Organisationsprinzip. Denn auch auf der Straße gilt die Devise des Privateigentums, daß die Zeit Geld ist. Im Naturzustand unterbindet der Eigennutz jede Solidarität, jeder kämpft gegen jeden. Gleichwohl erfaßt Engels' dramatische Schilderung nur einen Aspekt des Straßenlebens. Wie seine kulturkritischen Vorläufer bleibt auch er dem provinziellen Blick des Neuankömmlings verhaftet. Nicht das Gegeneinander der Konkurrenz beherrscht nämlich die Menge, sondern das Nebeneinander der seriellen Ordnung. Keineswegs ist der andere primär Gegner oder Rivale, er ist zuerst eine gleichgültige, austauschbare, überzählige Figur. Die kurzen Kontakte dienen vornehmlich der Abwehr, dem Ausweichen, der Abgrenzung. Begegnungen bedürfen mühevoller Annäherung und Verabredung. Und dennoch ist die Straße nicht nur ein Ort der Isolation. Zwischen den Atomen bewegen sich immer schon soziale Moleküle, kleine kollektive Einheiten: Eltern mit ihren Kindern, Paare, Geschäftspartner, Berufs- und Arbeitskollegen. Der Reiz der Stadtstraße liegt gerade darin, daß sie dem Zufall zu seinem Recht verhilft, daß sie freistellt, wann und mit wem man ein Gespräch anknüpfen will. Allein der Zugereiste erblickt nur eine amorphe Ansammlung von Fremden. Er kennt noch nicht die vielen bekannten Gesichter, die seit Jahren auf den öffentlichen Plätzen und Straßen der Quartiere vorüberziehen.

*

Engels' endgültiges Reiseziel im Jahre 1842 war allerdings nicht London, die Metropole des imperialen Welthandels, sondern die neue Hauptstadt des 19. Jahrhunderts, das Zentrum der industriellen Arbeit: Manchester. Schon sechzehn Jahre zuvor hatte Karl Friedrich Schinkel die Industriestädte der Midlands besucht. Die düsteren Städte lösten bei ihm Bewunderung, Erstaunen und Skepsis aus. Im Gegensatz zu den Geldaristokraten, die auf den glanzvollen Avenuen zwischen den Geschäftslokalen in der City und ihren Villen am Stadtrand hin und her pendelten, ohne die Arbeiterviertel je direkt durchqueren zu müssen, nahm der junge Fabrikantensohn Engels die Straßenfassaden als Indiz für das Elend,

22

das sie verbargen. Fast zwei Jahre lang durchstreifte er
das Labyrinth der alten und neuen Slums, bis er zuletzt
an den Rand der bewohnbaren Welt geriet, wo unter einem Eisenbahnviadukt die Menschen, wie am Anfang
der historischen Zeit, in Löchern und Höhlen hausten.

*„Man gelangt über ein holpriges Ufer, zwischen Pfählen
und Waschleinen hindurch in dies Chaos kleiner ein-
stöckiger und einstubiger Hütten, von denen die meisten
ohne allen künstlichen Fußboden sind - Küche, Wohn-
und Schlafzimmer, alles vereinigt. In einem solchen Lo-
che, das kaum sechs Fuß lang und fünf breit war, sah ich
zwei Betten - und was für Bettstellen und Betten - die
nebst einer Treppe und einem Herd gerade hinreichten,
um das ganze Zimmer zu füllen. In mehreren anderen
sah ich gar nichts, obwohl die Tür weit offenstand und
die Einwohner an ihr lehnten. Vor den Türen überall
Schutt und Unrat; (...) Der ganze Haufen menschenbe-
wohnter Viehställe war auf zwei Seiten von Häusern und
einer Fabrik, auf der dritten vom Fluß begrenzt, und außer dem schmalen Ufersteig führte nur noch ein enger
Torweg hinaus - in ein andres, fast ebenso schlecht ge-
bautes und gehaltenes Labyrinth von Wohnungen."*

Präzise beschreibt Engels das schäbige Leben der arbei-
tenden Klassen, den bestialischen Gestank in den engen
Höfen und Behausungen, in die weder Luft noch Sonnenlicht Einlaß finden, den Kot und Müll auf den Gassen, in dem die Schweine herumschnüffeln, die winzigen
Stuben der Cottages, in denen vielköpfige Familien mit
ihren Kostgängern und Schlafgenossen dahinvegetieren,
die Prostitution, den Alkoholismus, die Seuchengefahr,

den Hunger. 350.000 Menschen kämpften damals in diesen Vierteln Manchesters ums nackte Überleben, unterjocht von den Fabrikherren und Bauspekulanten. Engels' empirische Sozialkritik wandte sich nicht mehr gegen den moralischen Niedergang der Weltstädte, sondern gegen die elenden Wohn- und Arbeitsverhältnisse in den Industriezentren Mittelenglands, wo Fabriken, Kanäle und Eisenbahnen das Stadtbild bestimmten.

Das Schicksal der Unterschichten wird in der Mitte des 19. Jahrhunderts auch zum Thema der bürgerlichen Stadtkritik. Gegen Ende der 40er Jahre spricht Benjamin Disraeli, der spätere konservative Premierminister, von den „zwei Nationen", in welche die englische Gesellschaft zerfallen sei. Zwischen 1848 und 1858 publiziert der Sozialforscher Henry Mayhew im „Morning Chronicle" eine vielgelesene Artikelserie über die Not des Lumpenproletariats, die zahlreiche erschreckte Bürger zu karitativen Spenden veranlaßt. In Frankreich erscheint 1842/3 Eugene Sue's Zeitungsroman über die „Geheimnisse von Paris", ein international vielkopiertes Melodram über das andere, schwarze Paris der Hinterhöfe, Kellerlöcher, Spelunken und Zuchthäuser. Ohne ernstlich an die gesellschaftlichen Ursachen der sozialen Misere zu rühren, changiert die bürgerliche Antwort auf die „Soziale Frage" zwischen individueller Philanthropie, väterlicher Fürsorge, halbherziger Sozialreform - und romantischer Verklärung. Allzu oft überhöht die ästhetizistische Abwehrhaltung die Not zum Gegenstand der Pittoreske und erhebt die Verdammten, die Bettler, Vagabunden und Prostituierten zum heimlichen Wunschbild des bürgerlichen Unbehagens an der Modernität.

Ganz anders reagiert die realistische Literatur auf die Schrecken der Industriestadt. 1848 erzählt Elizabeth Gaskell in ihrem Roman „Mary Barton" von der Selbsthilfe und den politischen Widerstandsversuchen hungernder Proletarierfamilien in Manchester. Sechs Jahre später entwirft Charles Dickens in „Harte Zeiten" das Panorama einer fiktiven Stadt, deren Name für die ganze Epoche steht. In Coketown, der Koksstadt, diesem „Paradies der Paläotechnik", triumphiert der Geist der Rechenhaftigkeit endgültig über die Freundlichkeit und Phantasie der Menschen. Die Gesetze des Geldes und der Zahlen durchherrschen alle Aspekte der Stadt.

„Es war eine Stadt aus roten Ziegeln, vielmehr aus Ziegeln, die rot gewesen wären, wenn Rauch und Ruß dies zugelassen hätten; so aber war die Stadt unnatürlich rot und schwarz gefärbt, wie das bemalte Gesicht eines Wilden. Es war eine Stadt der Maschinen und hohen Schlote, denen immerzu endlose Rauchschlangen entquollen, ohne sich je aufzulösen. Ein schwarzer Kanal durchzog sie und ein Fluß, dessen Wasser von den stinkenden Farbstoffen purpurrot war; es gab vielstöckige Gebäude mit zahllosen Fenstern, wo es den ganzen Tag ratterte und bebte und wo der Kolben der Dampfmaschine auf und niederging wie der Kopf eines Elefanten im trüben Irrsinn. Sie enthielt mehrere große Straßen, die einander sehr ähnlich sahen, und viele kleine Gassen, die einander noch ähnlicher waren, bewohnt von Menschen, die einander ebenfalls sehr ähnlich sahen, die alle zu den-

selben Stunden im selben Takt auf demselben Pflaster kamen und gingen, um dieselbe Arbeit zu verrichten, und für die jeder Tag ebenso war wie der gestrige und der morgige, und jedes Jahr wie das vorige und das nächste."

Coketown ist eine Maschinenstadt, deren Gleichmaß alle Unterschiede niederwalzt. Sachlichkeit prägt ihre äußere Gestalt, ihre Verwaltungsgebäude, Fabrikhallen und Häuserzeilen. Sachlichkeit bestimmt das methodische Leben ihrer Bewohner, den monotonen Wechsel von Arbeits- und Regenerationszeit, das Programm der Tages- und Lebensläufe. Gleichförmige Sachlichkeit beherrscht überdies auch die gesellschaftlichen Verhältnisse, die Beziehungen zwischen Arbeitern und Fabrikherren, zwischen Mietern und Spekulanten, zwischen Schülern und Lehrern, zwischen Kindern und Eltern. Von der Entbindungsanstalt bis zum Friedhof bemißt sich der Wert des Menschen an den nackten Tatsachen, welche die Buchführung festhält, an den Geburts- und Erziehungskosten, an den Arbeitsleistungen und Produktionskosten, an den Krankheits- und Beerdigungskosten. In Coketown hat sich der rationale Geist des Kapitalismus sein materielles Ebenbild geschaffen und die Einwohner zu Arbeitsmaschinen degradiert. Dickens, der sich nur wenige Tage im nordenglischen Preston aufgehalten hatte, um als Augenzeuge einen Streik in den Baumwollspinnereien mitzuerleben, ahnte jenen inneren Kolonialismus, der die Maschinenstadt in eine Stadtmaschine verwandeln wird.

Die tektonische Uniformität der Industriestadt stand in direktem Gegensatz zum sinnlichen Wirrwarr der großen

Handelsmetropolen. Erst nach seiner Produktionsphase hüllt sich das zirkulierende Kapital in die reizvollen Verpackungen der Warenästhetik. In Coketown hingegen schwärzte Ruß die Gebäude ein und verdreckten Abwässer die Straßenrinnen, Kanäle und Flüsse. Um die Fabriken waren Wand an Wand und Rücken an Rücken die niedrigen Cottages gruppiert; lediglich die Zimmer zur Straßenfront wurden vom Sonnenlicht erreicht. Die Einförmigkeit dieser neuen Elendsquartiere entsprang einem einfachen ökonomischen Grundgesetz. Je dichter man ein Grundstück bebaut und die Wohnungen belegt, je weniger sanitäre Einrichtungen man installiert und je schematischer man eine Anlage plant, desto billiger wird das Bauunternehmen.

Wider Erwarten findet sich der städtebauliche Schematismus wieder in den Projekten jener paternalistischen Sozialreformer, die den Slums neue Mustersiedlungen und Genossenschaftsbauten entgegensetzten. Schon 1799 erwarb Robert Owen, einer der erfolgreichsten Fabrikanten seiner Zeit, eine Baumwollspinnerei im ländlichen Schottland, dessen Arbeiterdorf New Lanark er zu einem Laboratorium der Sozialreform auszubauen versuchte. 1817 stellte er der Regierung das Programm des idealen Industriedorfs vor, das sich gleichermaßen gegen den modernen Großbetrieb wie gegen die Großstadt richtete. Das utopische Gehöft „New Harmony" sollte eine autarke Produktionsgenossenschaft von maximal 1200 Personen sein, ein geschlossenes Arbeits- und Erziehungssystem, das die Fabrikarbeit hinter die Agrarwirtschaft zurückstellte.

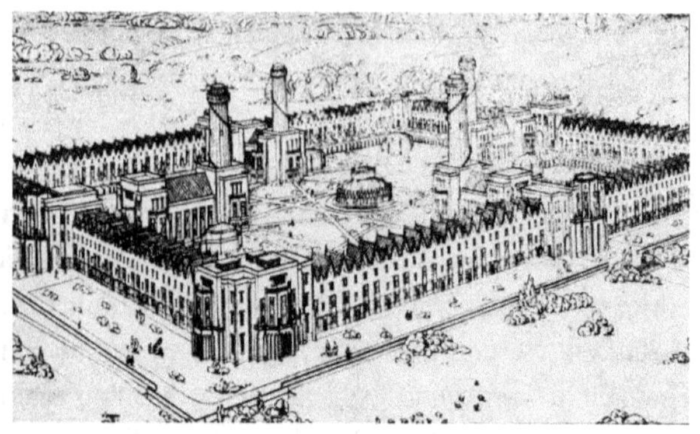

Dem sozialen Plan entsprach die Architektur. Umgeben von säuberlich angeordneten Feldern und Gemüsegärten waren vier dreigeschossige Wohntrakte zu einem geschlossenen Quadrat gefügt. In drei Flügeln waren die verheirateten Paare untergebracht, ein Flügel beherbergte die Schlafräume der Kinder, die frühzeitig der kollektiven Erziehung überantwortet werden sollten. Auf dem zentralen Freigelände in der Mitte des Quadrats überragten Gemeinschaftsgebäude die privaten Wohnzeilen: Vorschule, Schule, Speisesäle, Kirche und die Glaskuppel des botanischen Museums im Zentrum. Die öffentlichen Verpflegungsstätten hatten die Höhe einer Kirche, ein imposantes Zeichen für den Vorrang der Gemeinschaft vor der Privatsphäre.

Bescheidener nahmen sich dagegen die Werkssiedlungen angelsächsischer Industriekapitäne aus. Colonel Ackroyds Gemeinde Copley in der Nähe von Halifax bestand aus denselben Reihen von „back-to-back-houses", die Engels in den Slums Manchesters vorgefunden hatte. Für diesen Entwurf gaben die Architekten die erheiternde Begründung, schließlich mildere die schöne Umgebung die hygienischen Nachteile der Cottagezeilen, und im übrigen verschwendeten Wasserklosetts nur wertvollen Dünger für den Feldbau. Eine andere Anordnung wählte Titus Salt für seine Siedlung Saltaire bei Bradford. Er ließ Reihenhäuser mit kleinen Höfen und Schuppen für den Abtritt errichten, im klassischen Stil der Renaissance, und ergänzte die Anlage mit einer Schule, einer Kirche und einem Institut für Volksbildung. Durchbrochen wurde der rechtwinklige Plan der Musterstadt nur durch die zahlreichen Grünflächen und Plätze sowie durch die Höhenunterschiede des Geländes. Trotz der puritanisch-asketischen Vorschriften ihres Gründers war Saltaire bereits ein städtisches Arbeiterviertel auf dem Lande.

Ihren Höhepunkt erreichte die paternalistische Stadtreform indes erst um die Jahrhundertwende mit Ebenezer Howards Konzept der Gartenstadt. Howard stand zwar in der utopischen Tradition Owens, Buckinghams und Bellamys, aber er war Pragmatiker genug, um sich nicht in vorindustrielle Zeiten zu verirren. *„Eine Gartenstadt ist eine Stadt, die für gesundes Leben und Arbeit geplant ist; groß genug, um ein volles gesellschaftliches Leben zu ermöglichen, aber nicht größer; umgeben von einem Gürtel (landwirtschaftlich genutzten) Landes, die Böden des gesamten Stadtgebiets befinden sich in öffentlicher Hand oder werden von einer Gesellschaft für die Gemeinschaft der Einwohner verwaltet."* Howards Gartenstadt ist eine funktional vollständige Kleinstadt der kurzen Wege, gedacht für immerhin 30.000 Menschen, mit einem zentralen Grünpark, einer überdimensionierten

Glaspassage, dem seinerzeit unvermeidlichen „Crystal Palace", einer begrünten Avenue rund um den inneren Ring der Wohnhäuser; Werkstätten, Eisenbahnlinie und Lagerhäuser sind an die Peripherie verbannt, doch die „schmutzige" Industrie sucht man auf dem Stadtplan vergebens. Ihrer Idee nach ist die Gartenstadt weder eine Werkssiedlung noch ein Gartenvorort am Stadtrand. Sie soll vielmehr die hygienischen Vorteile des Landlebens mit den vielfältigen Chancen und Angeboten der Großstadt vermählen. Aber auch Howard konnte am Ende nicht verhindern, daß Letchworth, seine erste Gründung, vom Moloch London aufgesaugt wurde und zu einer der üblichen Schlafstädte für die Pendler verkam. Die Expansion der Industrie- und Handelsstädte duldet keine abgeschirmte Idylle.

*

„Der forschende, rechnende, der bienenfleißig industrielle Geist des 19. Jahrhunderts hat die wunderbaren Colosse der modernen Großstädte vollendet (...). Aber es wird eine höhere und höchste Blütezeit des Industrialismus kommen und mit ihr und durch dieselbe wird die moderne Welt, die Welt der Großstädte zusammenbrechen und diese Städte zusammt viel fabelhafteren Industriehallen als diejenige waren, welche wir geschaut, werden als Torsos stehen bleiben."

Mit dieser düsteren Prophezeiung beginnt um 1850 in Deutschland die populäre, massenwirksame Stadtkritik. Obwohl Industrialisierung und Verstädterung damals gerade erst in Gang kamen, blies Wilhelm Heinrich Riehl in die Posaunen der Apokalypse. Alle bekannten Topoi des Antiurbanismus sind in seinen Schriften versammelt und zum Stereotyp des deutschen Agrarkonservativismus verdichtet. In den greulichen „Wasserköpfen der modernen Civilisation" versammelten sich die unheilvollen „Kräfte der socialen Bewegung", Bürgertum und Proletariat, um der ehrwürdigen Herrschaft des Adels und dem bodenständigen Bauerntum den Garaus zu machen.

In der Stadt infizierten sich diese Trägerschichten des sozialen Wandels am schnöden „Geist des Encyclopädismus", an der „verneinenden nivellierenden Politik" und der „socialistischen Gleichmacherei", sie frönten „socialen Phantastereien", die vornehmlich von den „Literaten" - später nannte man sie die „Asphaltliteraten", deren Bücher man verbrannte - und von der „Gruppe des prononcirt jüdischen Geistesproletariats" propagiert würden. Die „künstlich" aufgedunsene Großstadt zerstöre die organisch gewachsene Sozialordnung, zerreiße die Familienbande, ja zersetze diese Keimzelle jedes „gesunden" Staatswesens. Das „Kasernensystem des großstädtischen Häuserbaus" öffne der allgemeinen Uniformität Tür und Tor, und die städtische Kultur mit ihrem „Virtuosentum", ihrer „Blasirtheit und Frivolität" entwerte jede „originale Schöpferkraft".

Ähnliches kennt man seit Smolletts Attacke gegen London, aber achtzig Jahre später hat Riehl seinem Zerrbild der Stadt die für den deutschen Konservativismus charakteristischen nationalistischen, antiintellektuellen und antisemitischen Untertöne hinzugefügt. Der soziale Wandel gerät ihm zum dramatischen Vorstadium des Weltuntergangs, obgleich es in Deutschland das Objekt seiner Invektiven noch gar nicht gab. Essen, Dortmund und Duisburg, die späteren Industriezentren, hatten jeweils nicht mehr als 10.000 Einwohner, nur die Großstädte Hamburg und Berlin begannen gerade ihr Wachstum. Paris kannte Riehl nur vom Hörensagen und aus den Berichten seines Lehrers Arndt, einzig London hatte er einmal einen Besuch abgestattet. All dies hat den Wanderprediger, der, wie man nachgerechnet hat, in 106 deutschen Orten mehr als 180.000 Zuhörer mit seinen Vorträgen erreichte, nicht daran gehindert, das reaktionäre Loblied auf den Jungbrunnen des Bauernstandes zu singen. Am besten gedeiht das ideologische Vorurteil auf einer schmalen Erfahrungsbasis, die jene fatale Mischung aus Halbwahrheiten, Projektionen und systematischen Fehldeutungen nicht stört.

Immerhin sollte Riehls Injurie, Paris sei „das eiternde Krebsgeschwür Frankreichs“, auf fruchtbaren Boden fallen. Während des 1870/1er Krieges wurde Paris zum „Babylon an der Seine“ erklärt, Richard Wagner gab seiner Hoffnung Ausdruck, „daß Paris, diese Femme entretenue der Welt, verbrannt werde“, und am Preußischen Hof stritten sich Militärexperten und Kosmopoliten, wie die Belagerung abzuwickeln sei. Junker Bismarck bemerkte am 11. Januar beim Mittagsmahl in Versailles, als die ersten Rauchwolken über der Stadt aufzogen: „Das ist nicht genug. Erst wenn man es hier riecht. Den Brand von Hamburg hat man fünf Meilen weit gerochen.“ Die deutschen Geschütze sollten nicht nur den strategischen Schwerpunkt des Gegners vernichten, sondern ein für allemal die moderne Zivilisation dem Erdboden gleich machen.

Als es dann doch anders kam, verkündete der deutsche Konservativismus sogleich den Untergang des gesamten Abendlandes. Riehl hatte noch auf die sozialpolitische Stärkung der beharrenden Kräfte gesetzt, seinem Epigonen Oswald Spengler wurde während des Ersten Weltkriegs das universale Debakel zur unabwendbaren Gewißheit. Aus der Vogelperspektive, die der Geschichtsphilosoph für sich reklamierte, geriet ihm die ganze Weltgeschichte zur Stadtgeschichte. In der modernen Großstadt endlich habe die Zivilisation ihr finales Stadium erreicht, nun trage sie alle Züge der Dekadenz und des Zerfalls. Die „Nomadenmentalität", die Sucht nach Luxus, Gleichheit und Anarchie, habe die Massen ergriffen, die jedem Sinn für Rang, Ehre, Besitz und Tradition abhold seien. Wie immer überfällt die Angst vor dem Chaos das situierte Bürgertum, wenn Emanzipationen von unten bevorstehen. Es fürchtet das Ende seiner Herrschaft, gefällt sich in der „metaphysischen Wendung zum Tode" - und läuft blindlings dem rettenden Führer in die Arme, der dann tatsächlich das Verderben über die Städte bringen wird. „Im Grünen fing's an und endete blutigrot", resümierte Kurt Tucholsky diesen Irrweg der deutschen Ideologie.

Auch die Avantgarde der kulturellen Moderne stimmte zu Beginn des Jahrhunderts in die Endzeitstimmung des konservativen Lagers ein. Stefan George bezeichnete Berlin als „die kalte stadt von heer- und handelsknechten". Besorgt um die Einheit seines künstlerischen Ichs, setzte er alles daran, sich die „wimmelorte" mit der pseudoaristokratischen Attitüde des späten Dandy vom Leibe zu halten. In Rilkes „Aufzeichnungen des Malte Laurids Brigge" ist der Tod in der Stadt allgegenwärtig. Im Pariser Hotel-Dieu wird „fabrikmäßig" gestorben, und selbst das nächtliche Interieur wird von den Maschinen überrollt. Elektrische Bahnen rasen durch die Stube, Automobile zerquetschen den ruhelos Wachenden.

Ebenso geschieht die Katastrophe im urbanen Außenraum. In der expressionistischen Lyrik Georg Heyms vernichtet der Moloch Stadt sich selbst. *„Doch die Dämonen wachsen riesengroß. Ihr Schläfenhorn zerreißt den Himmel rot. Erdbeben donnert durch der Städte Schoß um ihren Huf, den Feuer überloht."* Auf einem Häuserblock sitzt Baal, der Aftergott, starrt voller Haß in die Stadtlandschaft. Demütig knien vor ihm die Städte nieder, beten in ihm sich selbst an, Millionen umtanzen ihn, eingehüllt in den Weihrauchduft der Fabrikgase, berauscht von der Melodie des Straßenlärms. Doch nichts kann den wilden Götzen beschwichtigen: *„Er streckt ins Dunkel seine Fleischerfaust. Er schüttelt sie. Ein Meer von Feuer jagt durch eine Straße. Und der Glutqualm braust und frißt sie auf, bis spät der Morgen tagt."* Feuergarben zischen vom Himmel hernieder, wie Kartenhäuser klappen die Häuserfronten zusammen, wenige Überlebende irren panisch umher. Und über dem Inferno der Explosionen zieht ruhig der Zeppelin seine Bahn. So malte Ludwig Meidner 1912, im Jahr der Titanic, die kommenden Bombennächte. Nachdem die Städte die

Welt erobert haben, bedeutet ihr Untergang zugleich das Ende des Universums.

Ihre eindrucksvollste Darstellung fand die apokalyptische Vision jedoch erst nach dem Kriege, als das neue Medium des Films Bewegung in die Zerrbilder brachte. Fritz Langs Stummfilm „Metropolis" von 1927 entwirft die Antiutopie der totalen Stadtmaschine und verknüpft sie mit dem mythischen Appell an die gesellschaftliche Harmonie. Im „Neuen Turm Babel" thront der Stadtherr mit seinem Planungsstab, während die halbwüchsigen Söhne und Töchter der besseren Gesellschaft in Ballsälen, Theatern und ewigen Gärten der Lüste dem Ende der Weimarer Demokratie entgegentanzen. Unter Tage schleppen sich die Arbeitssklaven im Gleichschritt und mit gebeugten Köpfen von den Mietskasernen zum Schichtwechsel in die dampfenden Maschinensäle. Dort gehorchen sie nicht etwa der Knute der Aufseher, sondern den unentrinnbaren Sachzwängen der Technik. Die Unterwelt von Metropolis braucht keine Polizei, die Apparaturen sorgen selbst für den reibungslosen Ablauf. Trost und Hoffnung finden die Verdammten nur in den alten Katakomben unter den Tiefbahnen, wo ihnen das Arbeitermädchen Maria die nahe Ankunft des „Mittlers" predigt. Er soll mit der Güte seines Herzens die Arbeitshände der Unterwelt mit dem Großhirn der Oberwelt versöhnen.

Metropolis ist eine vertikale Stadt, eine Etagenwelt, in der die tektonische Ordnung die sozialen Verhältnisse abbildet. Die begüterten Machthaber genießen das Tageslicht und den Luxus der Oberwelt, während die Ar-

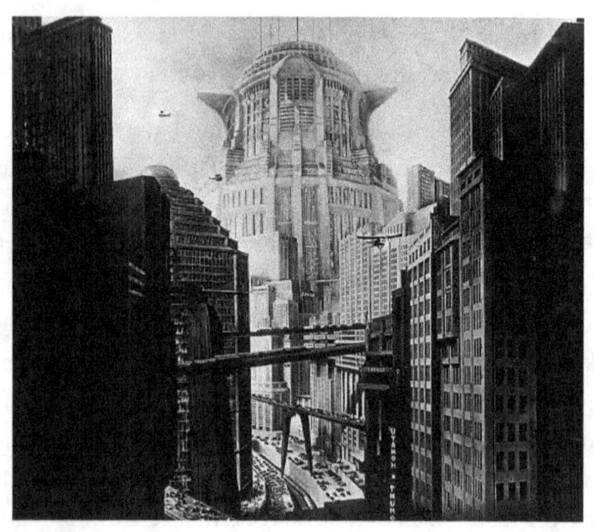

beiterfamilien in die unterirdische Hölle der Maschinenstadt verbannt sind. Sogar die religiösen Schauplätze
spiegeln diese Klassenhierarchie wider. Die modernen
Heloten empfangen in den Höhlen der Katakomben die
frohe Botschaft vom kommenden Messias, die Herren
der Stadt erbauen sich in der gotischen Kathedrale. Vor
ihren Pforten erfüllt sich schließlich die Verheißung. Der
angekündigte „Mittler" führt den Werkmeister, den Anführer des Proletariats, und den Stadtdiktator zusammen
und repariert den lädierten Naturkreislauf von Hand und
Kopf, Ausführung und Planung, Unterstadt und Oberstadt.

*

Der Untergang Babels ist zugleich die Geburtsstunde des
neuen Jerusalem. Seit jeher verbindet das apokalyptische

Bewußtsein die Prophetie der Endzeit mit der utopischen Erwartung eines neuen Reichs. Nicht selten bedient sich jedoch die futurische Zielbestimmung vergangener Vorbilder, die zum wahrhaft Neuen verklärt werden. Von dieser zeitlichen Paradoxie blieben auch die Anfänge des „Neuen Bauens" nicht verschont. Fern jeder naiven Technikbegeisterung, die man dem Funktionalismus pauschal unterstellt, propagierten Walter Gropius und Bruno Taut nach Kriegsende den entschlossenen Rückmarsch zum ganzheitlichen Produktionsprozeß der Künstler und zum Ideal der Handwerkergilden. Fritz Langs Kathedrale als Ort der sozialen Versöhnung hatte ihr Vorbild nicht nur in der deutschen Romantik, sondern auch in Tauts Modell der gotischen Stadt, die ihr sozialreligiöses Zentrum in einer die Wohn- und Arbeitsviertel überragenden Stadtkrone finden sollte.

Wie jeder zielstrebige Kulturrevolutionär wollte auch Bruno Taut mit der Geschichte von vorn, beim Punkt Null, beginnen. Der ideale Platz für die neue Stadt war nicht das steinerne Berlin der Mietskasernen und Industrieanlagen, sondern das flache Land, wo keine Häuser und Arbeitsplätze dem Gesamtkunstwerk im Wege standen. Dort sollte ein begrünter Parkring, wie eine Schale das Fruchtfleisch, die Gartenstadt der Wohnquartiere umschließen. Im Kern erhebt sich das Volkshaus, der „große Bau", die „Kathedrale eines überpolitischen Sozialismus", zu der die Werktätigen hinströmen, um ihre Erfahrungen auszutauschen, ihre Leistungen vorzuführen, sich an Volksfesten zu vergnügen und an künstlerischen Darbietungen zu bilden. Auf der unteren Etage des

Kulturzentrums dienen Restaurants und Kaufhallen dem alltäglichen Bedarf, darüber sind Opern- und Schauspielhaus sowie zwei Saalbauten zu einem Gebäudekreuz gefügt, von dem Arkadengänge zum Museum und zur Volksbibliothek führen. Bekrönt wird das Kreuz vom gläsernen Tempel des Kristallhauses, in das der Einzelne hinaufsteigt, um sich in den Geist der Gemeinschaft zu versenken. *„Vom Licht der Sonne durchströmt thront das Kristallhaus wie ein glitzernder Diamant über allem, der als Zeichen der höchsten Heiterkeit, des reinsten Seelenfriedens in der Sonne funkelt. In seinem Raum findet ein einsamer Wanderer das reine Glück der Baukunst und, auf den Treppen im Raume zur oberen Plattform emporsteigend, sieht er zu seinen Füßen seine Stadt und hinter ihr die Sonne auf- und untergehen, nach der diese Stadt und ihr Herz so streng gerichtet ist."*

Fatal nähert sich hier die Sonnenmystik dem Stimmungskitsch. Nach der Entzauberung der Welt und der Differenzierung sozialer Klassen gelingt die Proklamation einer sozialen Religion der harmonischen Volksgemeinschaft nur noch um den Preis einer gewaltsamen Regression. Dem entspricht das eklatante Mißverhältnis zwischen der imposanten Stadtkrone und den schlichten Wohnvierteln. Zunächst für eine Großstadt von 300.000 Einwohnern geplant, sollte das grandiose Gemeinschaftszentrum nach der „Auflösung der Städte" zuletzt ein Geflecht von Kleinsiedlungen überragen, in denen jeweils 400 Bauern und Handwerker zu autarken Genossenschaften zusammengeschlossen sind. Zwar berief sich Taut nicht mehr auf die alten Frühsozialisten Fourier oder Owen, sondern auf den Anarchisten Kropotkin; aber mit den alten Dorfutopien teilt er die unsägliche Übersteigerung der Gemeinschaft und ihrer monumentalen Zentralgebäude. Insgeheim muß die antiurbane Utopie der Kleinkommune immer geahnt haben, daß sich der Langeweile des Landlebens nur vorbeugen läßt, wenn man die Siedler mit den kulturellen Chancen und Annehmlichkeiten der Großstadt entschädigt.

Besessen vom Blendwerk des Glases war auch Tauts Kontrahent am Reißbrett, der Schweizer Architekt und Städteplaner Le Corbusier. Allerdings dachte Taut stets an eingefärbtes, lichtbrechendes Glas, während Corbusier immer farbloses, transparentes Glas vor Augen hatte, das nicht nur als Material für vollkommene Klarheit, sondern auch für vollkommene Kontrolle dienen sollte. In Corbusiers Stadt der Zukunft sind die Glasbauten kein Medium für meditative Kultdienste an der Gemeinschaft, sondern ein profaner Blickfang. Von der Straße blicken die Automobilisten durch das Geäst der Baumkronen hinauf zu gigantischen Glanzobelisken - höher als irgendein Wolkenkeil in Manhattan oder Chicago. *„Kristall, das im azurnen Blau schillert und unter dem grauen Winterhimmel leuchtet - Kristall, das schwerelos in der Luft zu schweben scheint, das am Abend funkelt und glitzert - elektrischer Zauber. Unter jedem dieser durchsichtigen Prismen befindet sich eine Metrostation; (...) Es sind Bürogebäude. Die Bevölkerungsdichte der Stadt ist drei- oder viermal größer als heute, die zu bewältigenden Entfernungen sind drei- oder viermal ge-*

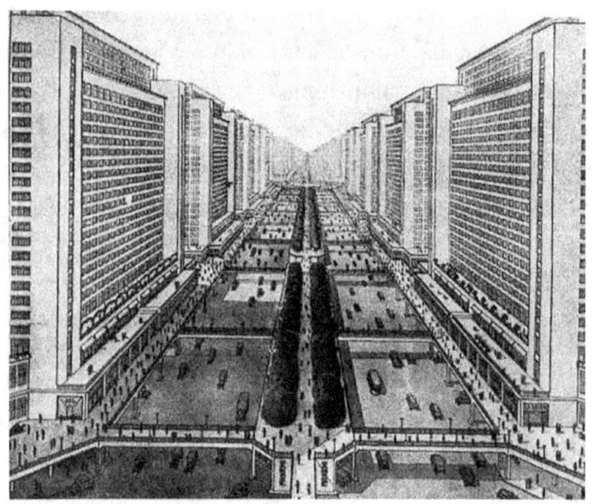

In der neuen City erhebt sich kein gotischer Tempel,
sondern eine Turmstadt von 24 Wolkenkratzern, jeder
220 Meter hoch mit Arbeitsplätzen für insgesamt 400.
000 Angestellte. Hier, in dem kalten Herz der weißen
Geschäftsstadt, wird nicht gewohnt, sondern lediglich
gearbeitet. In den obersten Etagen residieren die Kapitä-
ne der Wirtschaft, Finanz und Politik - und die intellek-
tuelle Elite des Landes, die Meisterdenker und Wortfüh-
rer der Menschenseele. Gemeinsam steuern sie über Ka-
bel, Telex und Rundfunk die bürokratische Maschinerie
der Nation.

Zur selben Zeit, da Lang die Filmarchitektur von Metropolis entwerfen ließ, suchte Le Corbusier die Leiter der
französischen Automobilfirmen auf, um sie als Mäzene
für sein Projekt zu gewinnen. Der Patron von Voisin,

nach dem der Stadtplan schließlich seinen Namen erhielt, unterstützte sein Vorhaben, die alten Viertel auf dem rechten Seineufer von Paris abzureißen, um auf dieser tabula rasa die Turmstadt mit einer Stadtautobahn aufzubauen. Dieser Promotor des Automobils hatte jedes Interesse daran, die schmutzigen und verwinkelten Viertel zu planieren und die verhaßte Korridorstraße mit einem radikalen chirurgischen Eingriff für die freie Fahrt zu öffnen. *„Die Straße ist voller Leute; man muß auf seinen Weg aufpassen. Seit einigen Jahren ist sie voller Fahrzeuge; zwischen den beiden Trottoirrändern lauert tödliche Gefahr. (...) Die 1000 Häuser sind schwarz - und was da nachbarschaftlich beieinandersteht, ergibt zusammengenommen eine Kakophonie; das ist gräßlich, aber wir gehen daran vorbei. (...) Sie ist die Straße des tausendjährigen Fußgängers; sie ist ein Überbleibsel der Jahrhunderte; sie ist ein schlaffes, nicht mehr arbeitendes Organ. Die Straße verbraucht uns. Und zuletzt flößt sie uns Abscheu ein! Warum existiert sie überhaupt noch?"*

Sicherlich waren die Städte, zumal ihre alten Quartiere wie der Pariser Marais, für die Invasion der Automobile kaum gerüstet. In den engen Schluchten verstopften Fahrzeuge jeden Verkehrsfluß, Lärm und Gestank verpesteten die Luft, und der Fußgänger entrann auf den schmalen Gehsteigen nur knapp der rollenden Lawine. Gegen dieses Chaos kämpfte der rabiate Utopist nachsichtslos, und zwar nicht, wie die frühe Stadtkritik, unter der Fahne einer alten moralischen und sinnlichen Ordnung, sondern unter der Fahne der modernen Rationali-

tät. Bevor freilich die Melancholie über den Niedergang
der Geselligkeit auf den öffentlichen Plätzen kritisch
werden konnte, flüchtete der Avantgardist nach vorn und
propagierte vorbehaltlos die radikale Trennung der
Funktionen. Für die Straße sah Corbusier nur noch den
ungehinderten Verkehr vor, denn nichts war dem Ord-
nungsfanatiker verhaßter als die Fußgängermenge. Das
Wohnen verbannte er an die Peripherie, die Arbeit zen-
tralisierte er in der City. Was die Bewohner in Corbusiers strahlendem, aseptischen Paris nicht mehr erwarten
konnten, war die Atmosphäre eines Quartiers, die alltäg-
liche Überraschung und die zufällige Begegnung, die
noch das verkommenste Viertel für die Menschen be-
reithält.

Unbehelligt von jedem Geräusch sollten die Angestellten
ihre Arbeit in den Glashäusern verrichten. Kein Straßen-
lärm, kein brummendes Flugzeug, keine Menschen-
stimme sollte ihr Tun stören. In Abständen von 400 Metern stehen die Bürohäuser, dazwischen strömt der Au-
toverkehr zu den Parkflächen, unter der Erde gleitet die
Metro dahin. In den Autokabinen ist die Geräuschkulisse
gleichfalls abgedämpft. Endgültig besiegt die neue Stadt
den akustischen Wildwuchs, der die Ohren so lange verwirrt hatte. *„Der Lärm muß besiegt werden.(...) Wir wollen uns nicht der Illusion hingeben, daß unsere Ohren
sich an den Spektakel des modernen Lebens gewöhnen.
Spektakel gibt es übrigens nur dort, wo die Lösung
falsch ist (maschinell oder städtebaulich). Das Maschi-
nenwesen strebt nämlich nicht Lärm, sondern Ruhe an.
Wir leiden unter dem Lärm, der Lärm ist etwas Anoma-*

Mittlerweile hat sich das Gehör der Städter an die Geräusche gewöhnt. Im Verlauf der Urbanisation hat es sich der neuen Umwelt angepaßt, Fähigkeiten der Differenzierung entwickelt und Reizschwellen eingebaut, die das stetige Gebrumm und Gerumpel im Hintergrund abdrängen. Davon brauchen die Menschen in Corbusiers Utopia nichts mehr. Denn dort herrscht absolute Stille und vollkommenes Schweigen.

Die lautlose Stadt, sie wäre nicht nur ein furchtbarer Schock für das Gehör, sie wäre das Ende jeder urbanen Gesellschaft. Die rationale Ordnung der Arbeit, des Verkehrs und des Wohnens benötigt keinerlei Absprachen, keine Kommunikation. Die arbeitsfreie Zeit verbringen die Menschen in den Wohnzellen der grünen Vororte, auf den Sportplätzen oder der Joggingbahn, wo sie unabhängig voneinander neue Arbeitskräfte sammeln und ein Privatleben fristen, dem sein Kontrapunkt, die Öffentlichkeit, gänzlich fehlt. Wie Schlafwandler eilen sie morgens zur Arbeit und verirren sich nur selten noch in die Restaurants und Kaffeehäuser am Fuß der Wolkenkeile, um schalen Erinnerungen an frühere, geselligere Zeiten nachzuhängen und die stummen Wesen zu bestaunen, die am Nebentisch Platz genommen haben. Abends verlassen sie die leere City, ziehen sich in ihre

Käfige zurück und warten auf den nächsten Tag. Das
Räderwerk der verwalteten Stadtmaschine diktiert den
Zeittakt der Tage und ordnet jeder Lebensäußerung eine
spezielle Raumzone zu. Ihre blinde Mechanik duldet keine Unordnung, keine Abweichung, keinen Zeitverlust
und keinen versteckten Winkel.

In Corbusiers Totenstadt vernehmen die Menschen nur
noch das lautlose Rauschen des Windes. Sprachlos blik-
ken sie von den Hochbahnen, Hotelzimmern und Büroe-
tagen, von den Dachgärten und Balkonen hinab auf das
grüne Meer der Bäume. Hier und dort, etwas weiter entfernt, blitzen einzelne Kristalltürme in der Sonne; zuweilen taucht der Doppeldecker auf. Dahinter gleiten in
strenger Reihe die weißen Hotels und Villenblocks, wie
gigantische Luxusdampfer, über dem Ozean der Baum-
wipfel dahin. Im gleißenden Licht des Südens erstrahlt
die Stadt wie ein kostbares Kollier. Fasziniert von ihrem
kalten Glanz bemerkt niemand, wie sich das Leben zu
kristallisieren beginnt.

Der Untergang der Städte

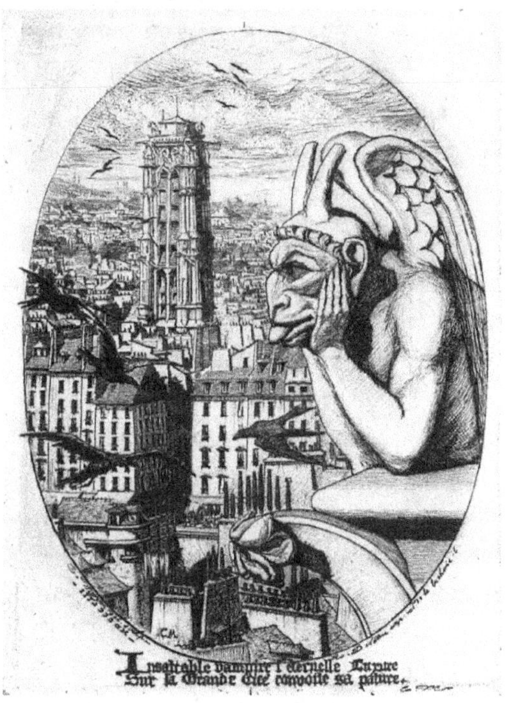

„Unersättlicher Vampir, ewige Wollust, über der großen Stadt lauerst Du auf Deine Beute." So unterzeichnet 1854 Charles Meryon seine Radierung vom Dämon über den Dächern von Paris. Vom Ort göttlichen Lichts, der Kathedrale, starrt der gehörnte Engel der Finsternis in die Tiefe. Die Todsünde Luxuria harrt ihrer Siegesstunde über das moderne Sodom; Dohlen, die schwarzen Boten des Verderbens, kreisen über dem Labyrinth der Gassen und Dächer. Erneut sieht man den Dämon im Jahre 1904. Zu einem Schwabinger Künstlerfest entwirft Karl

Schmoll von Eisenwerth ein Plakat „Kosmopolis". Vor
dem Lichtermeer der Boulevards und dem Sternenge-
funkel der Milchstraße hockt das steinerne Phantom auf
der Turmgalerie von Notre Dame. Die Stadt, die sich zur
Welt erklärt, die Nacht zum Tag erhellt und den Sternen
das nächtliche Licht streitig macht, ist dem Laster verfallen. Wie einst Sodom und Gomorrha droht ihr tödliches
Unheil.

Der Schrecken hinterläßt Trümmer und Ruinen. 1872
zeichnet Gustave Doré gegen Ende seines Londoner
Aufenthalts eine Vision der Gegenwart. Zwischen den
Trümmern eines Hinterhofs liegt eine junge Frau im
Sterben; das Kind sucht verzweifelt den Halt ihrer Hände. Über der nächtlichen Szene ragt die Kuppel von St.
Paul auf, das Wahrzeichen der Stadt. Der Blick der Ster-
benden findet den Todesengel, der von Ferne hernieder-
schwebt. Der Romantiker Doré wittert den nahen Untergang der bürgerlichen Metropole. Auf seinen Wande-
rungen durch Slums, Docks, Schänken, Obdachlosen-
asyle, Besserungsanstalten und das Zuchthaus Newgate
erblickt er die elende Rückseite der reichen Fassade, die
Opfer des viktorianischen Kapitalismus in der urbanen
Hölle. Doch hat er die Zeichnung des romantischen Grau-
ens für sein Buch nicht verwendet. Statt dessen endet der
Zyklus mit einer Dystopie. Ein „Neuseeländer" hockt
auf einem Felsen und blickt über die Themse auf die
Skyline Londons, das von jeglichem Leben verlassen ist.
Die Geschichte der Herrschaft über die Kolonien, Konti-
nente und Meere ist zu Ende.

Ruinen stehen für aktuelle Not und künftiges Schicksal.
Als dekorative Kulisse des barocken Welttheaters und
als kokettes Beiwerk Arkadiens haben sie ausgedient. In
der höfischen Gesellschaft hatte die Ruine an Tod und
Vergänglichkeit gemahnt; nun offenbart sie die Misere
der Unterschichten, ihr Wohnungs- und Arbeitselend.
Doch je mehr die bürgerliche Gesellschaft ihre Destruktivkräfte an städtischen Trümmerfeldern zeigen sollte,
desto eher neigte sie dazu, die Ruine in die Archäologie
zu verbannen, ihr allenfalls die Weihe eines moralischen
Denkmals zu verleihen. Gesellschaften, die ihre Recht-
fertigung der Zukunft entnehmen, verlieren den Sinn für
Ruinen, dulden keinen allmählichen Verfall. Sie planieren für raschen Neuaufbau. Doch was die Demonstration
des Fortschritts kaschieren möchte, behält seine beklem-
mende Wirklichkeit. Eine Trümmerregion der alten
Bronx nannte die New Yorker Polizei zeitweilig „Dresden". Das verfallene Quartier glich einer Stadt nach dem
Bombenhagel.

Daß die Großstadt dem Untergang geweiht ist, hat die
Tradition des antimodernen Denkens schon immer verkündet. Schon früh mischte sich in seine Kritik versach-
lichter Sozialbeziehungen, nivellierter Hierarchien, un-
berechenbarer Massenbewegungen, der technisch organisierten Arbeit und städtischen Lebensform das apokalyptische Motiv des Untergangs ein. Lange vor Industrialisierung und Verstädterung regten sich die ersten
Stimmen der Großstadtkritik. Zunächst befürchteten sie
jedoch nicht den Zerfall der Stadt, sondern das Ende einer politischen Ordnung: den Untergang des Königtums

durch die Stadt. Die städtischen Massen bedrohten die staatliche Ordnung, eine Denkfigur, mit der auch der Demokrat Thomas Jefferson den amerikanischen Antiurbanismus begründete. Die Aversion war nicht ganz unbegründet. Im Oktober 1789 geleiteten die Pariser den König zurück nach Paris und übergaben ihn der Kontrolle der Stadt. Im Januar 1793 endete der Bürger Louis Capet auf dem Schafott. Verspätet folgten 1848 Wien, Prag, München und Berlin mit unterschiedlichem Erfolg. Erst 1918 gelang den Städten endgültig die Entmachtung der Könige.

Zur Angst vor der Revolte gesellte sich der Mythos vom Kulturzerfall. Physiokraten und Enzyklopädisten sorgten sich um den Sittenverfall, die Verödung des Landes, erklärten die Großstadt zum Grab der Menschheit und zum Motor der biologischen Selbstzerstörung. Das unnatürliche Kunstgebilde sei unfähig zur Regeneration, die städtische Zivilisation verzehre die organischen Lebenskräfte des Landes. Soziobiologisch galt schon Montesquieu die Stadt als Lokomotive von Entvölkerung und kulturellem Niedergang. Dies verband der deutsche Kulturpessimismus mit der Verklärung von Land und Kleinstadtidylle. Wilhelm Heinrich Riehl, der in der Mitte des neunzehnten Jahrhunderts noch kaum den Gegenstand seiner Kritik kennen konnte, versammelte in seinen Schriften alle Topoi der deutschen Agrarromantik. In der monströsen Stadt infiziere sich das Volk am fremden Ungeist der Gleichheit und Demokratie. Während des deutsch-französischen Kriegs grassierte in der deutschen Ideologie die Gleichsetzung von Paris mit Babylon. Deutsche Ka-

nonen sollten Riehls Prophezeiung in die Tat umsetzen.
Als es anders kam, verirrte sich der Pfad der Agrarromantik schließlich bis zur Apokalypse des Abendlands,
bei den Intellektuellen des Expressionismus oder der Ge-
schichtsprophetie.

Trotz Troja, Persepolis oder Karthago überleben Städte
meist das Ende einer herrschenden Kultur. Das assyri-
sche Niniveh blieb nach seinem Untergang besiedelt,
verlor aber jede historische Bedeutung. Rom dauert bis
heute, obwohl nach der Eroberung durch den Herulerkö-
nig Odoakar, dem Ende des Weströmischen Reichs,
jahrhundertelang nur einige Zehntausend die Ruinen-
stadt der Päpste bewohnten. Auch den „Sacco di Roma"
des Jahres 1527, als kaiserliche Horden unter dem Lands-
knecht Frundsberg die Stadt brandschatzten, konnte die
ewige Stadt überstehen. Zuvor war schon die Prognose
von Barbarossas Propagandist Archipoeta über den Fall
Mailands im Jahre 1163 unerfüllt geblieben. Man sprach
von einem zweiten Troja. Aber Mailand erstand wieder
und bot als selbständige Kommune dem Kaiser weiterhin Widerstand. Die Beispiele für den Fortbestand der
Städte ließen sich fortsetzen. Sie reichen bis Rotterdam,
Coventry, Dresden oder Hiroshima. Denn dies hat die
Kulturkritik notorisch übersehen: daß nämlich die Zertrümmerung einer physisch-tektonischen Umwelt, der
Gebäude, Wohnungen, Straßen und Plätze noch keineswegs jedes soziale Leben vernichtet. Immer wieder sind
Überlebende in der Lage, Kräfte für den Neubau zu mo-
bilisieren. Obwohl nur Hunger und Kälte zu erwarten
waren, strömten nach dem Inferno des Luftkrieges die

geflüchteten oder evakuierten Städter in die Trümmer-
felder zurück. Dies legt einen doppelten Begriff des städtischen Debakels nahe. Einmal kann die Stadt untergehen als tektonische Kulturlandschaft, als dingliche Bühne des sozialen Verkehrs; zum anderen können jedoch
auch städtische Lebenswelten vernichtet werden durch
den Umbau der Stadt, ihre Zerstörung oder durch den
Tod der Bevölkerung.

Naturkatastrophen treffen eine Stadt zumeist doppelt. Sie
kosten Menschenleben und Häuser. Sie sind - wie der
Krieg - so alt wie die Stadt selbst. 1666 fielen einer Feu-
ersbrunst in London 13.700 Häuser und 87 Kirchen zum
Opfer. Das Erdbeben von Lissabon vom 1. November
1755, das den Fortschrittsglauben mancher Aufklärer so
gründlich erschütterte, demolierte zwei Drittel der Stadt.
1783 kamen bei einem Erdbeben bei Messina 100.000
ums Leben, am 28. Dezember 1908 vernichtete ein wei-
teres Beben 83.000 Menschenleben. Der dreitägige
Brand Hamburgs im Mai 1842 äscherte 4.200 Gebäude
ein, 20.000 Einwohner wurden obdachlos, mehr als 100
verbrannten. Der „Leichnam einer Stadt", wie Friedrich
Hebbel in seinem Tagebuch notierte, rührte nur kurz an
den bürgerlichen Optimismus; dann entschwand er dem
kollektiven Gedächtnis. Daß sich die Natur gelegentlich
an der Kultur rächt, registriert die Weltgeschichte ne-
benbei. Sie ändert keine sozialen Kulturen, und ihren
Überfällen läßt sich mit technischem Fortschritt begeg-
nen, mit Dammsystemen, Steinhäusern statt Holzbauten
oder erdbebensicheren Konstruktionen.

Umgekehrt gibt die technische Entwicklung dem Menschen neue Mittel zur Stadtzerstörung an die Hand. Seit der Verleihung des Feuers liegt es in seiner Macht, Behausungen in Schutt und Asche zu legen. Aber bis zum Einsatz von Sprengstoffen und Artillerie gleicht die Vernichtung einer Stadt eher einer organisierten Brandstiftung. Gelingt es nicht, durch Belagerung und die Absperrung der Nahrungs- und Wasserzufuhr die Einwohner zur Aufgabe zu zwingen, müssen die Täter in die Stadt eindringen und während des Blutbads die Brandsätze legen. Dagegen erlauben Geschütze den Fernbeschuß ohne den Mord in den Straßen. Sie entfernen den Täter vom Opfer, gestatten eine anonyme Vernichtung. Im Sommer 1760 ließ Friedrich der Große Dresden mehrere Tage lang bombardieren, um den Erzfeind Österreich aus der sächsischen Residenz zu vertreiben. Die verheerenden Folgen beschrieb der Zeitgenosse Archenholz in seiner Historie des Siebenjährigen Kriegs:

„Das Feuer wirkte entsetzlich in und außer der Stadt; viele der vornehmsten Straßen brannten von einem Ende zum anderen. Prächtige Paläste, die jede Stadt Europas geziert hätten, wurden ein Raub der Flammen. Wo man hinblickte, stürzten Häuser von vielen Stockwerken ein, die Sitze der Betriebsamkeit und des Wohlstandes. Oft wurden die armen Bewohner unter dem Schutt begraben." Die preußischen Granaten betrieben damals schon den totalen Krieg. Sie trafen die Bevölkerung und nicht nur die Kombattanten.

Eine weitere Totalisierung und Anonymisierung eröffnet der Luftkrieg. Die von Leuchtfallschirmen, den „Weihnachtsbäumen", markierten Bezirke werden mit Bombenteppichen belegt, deren Gleichmaß vor allem in regelmäßig gebauten Vorstädten präzise Erfolge zeitigt. Der Pilot erfährt allenfalls von Bildern sein Vernichtungswerk. Die Wirksamkeit dieser Technik erwies sich an Coventry, London, Hamburg, Berlin, Dresden, Tokio, Hanoi. Während gezieltes Artilleriefeuer Fluchtwege offen läßt und den Einwohnern gestattet, zwischen sicheren und gefährdeten Bezirken zu unterscheiden, hilft bei Flächenbombardements oft nur die Flucht unter die Stadt, in die Keller, Bunker und U-Bahn-Schächte.

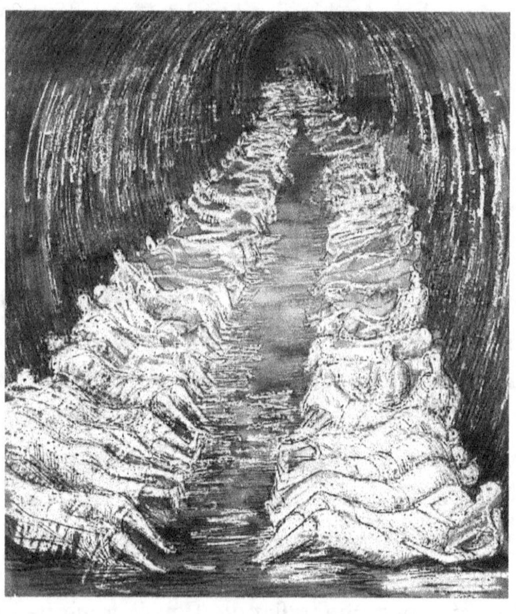

Das Überleben in jenen modernen Höhlen hat Henry Moore in seinen Zeichnungen als offizieller „war artist" festgehalten. In den Schutzräumen der Londoner Untergrundbahn reihen sich liegende Kreaturen aneinander, harren erschöpft auf die Befreiung, finden den erlösenden Schlaf, der die Angst löscht. Herkömmliche Nuklearwaffen schließlich erweitern das Zerstörungsareal vertikal und horizontal. Ihre Strahlung holt auch die Flüchtigen ein. Im Zentrum reißt die Detonation einen Krater und läßt keinen Trümmerbrocken auf dem anderen; die Stadt wird buchstäblich eingeebnet. Und des Zauberlehrlings Meisterstück, die Neutronenwaffe, trennt zum ersten Mal strikt zwischen Tektonik und Leben. Sie tilgt das Leben aus und läßt die Häuser stehen. Die Bühne der toten Stadt wird frei für die Eroberer.

Verstädterte Gesellschaften, welche die Menschen in den Zentren versammeln, fordern den Kalkül des totalen Kriegs heraus. Nicht nur die Hauptstadt, die Stadt überhaupt avanciert zur Zielscheibe. Die Drohung, eine Stadt könne von der Landkarte ausgelöscht werden, gilt als grundlegender Abschreckungswert, bevor überhaupt die Atombombe gegen die Zivilbevölkerung gerichtet wird. Man erinnere sich an Guernica, Warschau, Dresden, Phnom Penh. Der totale Krieg erklärt die Stadt zum Ort der Entscheidung. Die Bomben zielen aufs Hinterland; sie sollen die Moral erschüttern, Panik verbreiten und die Sozialordnung zerrütten. Die Schlacht um die Stadt bestimmt über Sieg und Niederlage. Moskau, Leningrad und Stalingrad stoppten das Unternehmen Barbarossa und wurden um jeden Preis gehalten. Notfalls zieht sich der letzte Widerstand in die Stadt zurück. Die Verteidiger nehmen ihre Zerstörung in Kauf, um die Kräfte des Angreifers im Kampf um Häuser und Straßen zu verbrauchen. Es ist nicht unbedingt die Hauptstadt, welche den Ausschlag gibt. Frankreich war nicht endgültig geschlagen, nachdem Paris besetzt war. Und das Schicksal Deutschland war längst besiegelt, bevor die rote Fahne in Berlin gehißt wurde. Liegt der Schwerpunkt des Gegners, den man - nach Clausewitz' Lehre - ausheben muß, außerhalb der Stadt, taugt sie nur zur Abschreckung. Man hält den Gegner in Schach, indem man ihm die Vernichtung seiner Städte androht. Eine Zerstörung von New York, Los Angeles oder Moskau brächte die Atommächte nicht um die Chance des Gegenschlags. In Zeiten unterirdischer Raketenbasen bringt das Ende von Metropolis keine strategischen Gewinne ein. Darin ähnelt die heutige Konstellation vorindustriellen Zeiten. Der Zar konnte Napoleons Heere ins Leere laufen lassen, als er ihnen die verbrannte Erde Moskaus präsentierte. Der Schwerpunkt der Agrargesellschaft lag nicht in der Stadt, sondern auf dem Land der bewaffneten Muschiks, wohin sich der Zar zurückziehen konnte.

In den Arsenalen der bakteriellen Kriegsführung erwartet auch der Pesterreger seinen Einsatz. Er bringt ein anderes Unheil über die Stadt. Die Pest rafft ihre Bewohner dahin, unterminiert ihre Lebensformen, ohne die Tektonik anzugreifen. Vom elften bis zum frühen achtzehnten Jahrhundert verbreitete die schwarze Hausratte die Seuche in Europas Städten. In den zyklisch wiederkehrenden Pestjahren nahm der Schwarze Tod den Städten oft bis zu einem Drittel ihrer Bewohner. Zwischen 1593 und 1665 kamen in London 156.463 Menschen ums Leben. Bei seinem letzten Auftritt verlor Marseille im Jahre 1720 etwa 50.000, Toulon 13.160 seiner 22.000 Einwohner. Danach räumte die Hausratte, die in Strohdächern und Speichern ihr Revier gehabt hatte, der braunen Wanderratte das Feld, die bis heute ihr Domizil im städtischen Untergrund der Keller und Kanäle gefunden hat.

Kündigt sich die Seuche an, verlassen Hof und Begüterte flugs die Stadt. Soweit die Administration intakt bleibt, sperrt sie die Stadt vom Umland ab, verbietet den verzweifelten Hedonismus der Glücksspiele und Trinkgelage, untersagt den Straßenverkehr, verfrachtet die Kranken in die Pesthäuser und läßt die befallenen Häuser von der Polizei bewachen. Die Häuser sind verschlossen oder bereits ausgestorben, die Straßen menschenleer. Die Karren mit den Leichen poltern durch die Gassen, vereinzelt verirren sich Priester und Ärzte auf den Wegen. Handel und Wandel versiegen, man meidet seine kranken Angehörigen, sucht Erklärungen in allerlei Weissagungen und fällt auf Quacksalber herein, da auch die Medizin versagt. Um den Schein der Normalität zu wahren, treffen die Behörden ihre traurigen Maßnahmen nachts. Davon berichtet Daniel Defoe in seinem literarischen Bericht von der Londoner Pest des Jahres 1665:

„Alle notwendigen Arbeiten, die Schrecken verbreiteten und sowohl grausig wie gefährlich waren, wurden während der Nacht verrichtet; waren Pestkranke wegzuschaffen, Tote zu begraben oder verseuchte Kleidungsstücke zu verbrennen, geschah es während der Nacht; und so sind alle Leichen, die in die großen Gruben auf den verschiedenen Friedhöfen oder Begräbnisplätzen geworfen wurden,(...), während der Nacht weggeschafft worden, und vor Tagesanbruch war alles zugedeckt und

unsichtbar. So konnte man während des Tages von dem Unheil nicht das geringste Anzeichen sehen und hören, abgesehen von dem, was man aus der Leere der Straßen und dem gelegentlich aus den Fenstern dringenden erschütternden Schreien und Jammern der Leute und der Menge der geschlossenen Häuser und Geschäfte erfahren konnte." Das Sterben dauert Monate, die Überlebenden richten einen Krisenalltag ein, bis endlich die Herbstkälte den Pestfloh austilgt und die Flüchtigen zurückkehren.

Geblieben von diesen Zeiten ist der Mythos der Ratte. Sie beherrscht den städtischen Untergrund und wartet die Stunde der Invasion ab. Um sie zu beruhigen, zahlt ihr die Stadt als Tribut die Abfälle der Märkte. Als die Hallen in Paris niedergerissen wurden, fürchteten manche, daß sich nun die Ratten über die ganze Stadt hermachen würden. Ein Pressephotograph erwartete zwei Stunden lang ihren Anmarsch auf die neuen Markthallen von Rungis. Schließlich mußte er einige Spezialisten anheuern, die ihm die benötigten Schaueraufnahmen anfertigten.

Gegen Ratte und Floh half keine Hygiene. Die Cholera jedoch, die ihre Opfer vergiftetem Wasser verdankte, wurde von der neuen Kanalisation bezwungen. Eine Karikatur von 1869 zeigt ihre Schreckensgestalt verhärmt und abgemagert. Ein letztes Bündel mit Gebeinen umgeschnallt, in Lumpen gehüllt, die ausgezehrten Arme auf einen Stock gestützt, protestiert die vergreiste Cholera gegen den Verlust ihrer Heimat. Ihr Adressat sitzt wohlgenährt auf einem Hocker und zuckt die Achseln. Es ist

Baron Haussmann, der Stadtplaner des dritten Napoleon, der mit der Anlage von 460 Kilometern Abwässerkanälen die Seuche endgültig aus Paris vertrieben hatte.

Die Flächensanierung, deren Konzept er von seinen Vorgängern übernommen hatte, verjagte jedoch auch die proletarischen Massen aus ihren Quartieren in die Außenbezirke des roten Gürtels. Durch das Zentrum schlug Haussmann die Schneisen der Boulevards für die neuen Bürgerhäuser, planierte das Feld für weite Plätze, Schienenstränge, Bahnhöfe und Warenhäuser. Hinter den Fassaden bürgerlichen Reichtums überlebte indes weiterhin die Misere. Hinter den rentablen und kostspieligen Fronthäusern wurden die Mieter zweiten Rangs an den Hinterhöfen untergebracht; in den Dachzonen und Kammern hausten Personal und arme Mieter. Daß man Küchen, Badezimmer und Sanitäranlagen hinter der Pracht der Vorderzimmer vergessen hatte, stellte man erst später fest. Die Achsen der Avenuen sollten dem Verkehr dienen, und der kaiserlichen Artillerie freies Schußfeld öffnen. Schon Louis Philippe hatte den Barrikadenbau durch die Holzpflasterung der Straßen verhindern wollen. Haussmann erhoffte sich von den breiten Breschen der Boulevards den endgültigen Sieg über den Aufstand der Stadt. Aber auch er konnte nicht voraussehen, daß in den Tagen der Commune findige Geister die Barrikade verbreitern und erhöhen würden. Neben der Entdichtung der Elendsviertel, der funktionalen Konzentration von Handel, Hotellerie und Behörden in der Innenstadt sowie der perspektivischen Ordnung des Verkehrs zielte die normale Stadtzerstörung Haussmanns auf soziale Befriedung und politische Herrschaft. Als Prototyp moderner Sanierung zeigt sie typische Krisenzeichen der modernen Stadt.

Die innere Kolonialisierung der Stadt dauert bis heute. Sie siedelt seßhafte Bevölkerungen um, forciert die Randwanderung, zerschneidet Quartiere durch Verkehrsachsen und ersetzt im Zentrum Wohnungen durch Arbeitsplätze. Der expandierende Dienstleistungssektor erobert vor allem die City. An ihren Rändern bilden sich Slums. Nun sind nicht mehr nur ehemalige Arbeiterbezirke betroffen, auch die Bürger treibt es in Vororte und Trabantenstädte. Trotz aller Bemühungen um Altbausanierung und Aufwertung citynaher Wohnbezirke unterliegt das Zentrum dem Automatismus von Bodenpreissteigerung, Mieterhöhung, Kündigung, Verfall, Abriß und Neubau von Geschäfts-, Büro- und teuren Mietshäusern. Tagsüber verstopft der Verkehr die Zugangsstraßen; Plätze und Bürgersteige der nahen Wohnreviere dienen als Parkplätze. Abends leeren sich die Fußgängerzonen, wenn die täglichen Arbeiten und Geschäfte erledigt sind. Wer weiter entfernt wohnt, sucht das Zentrum kaum mehr als gewohnten Treffpunkt auf; für die aufwendige Fahrt „in die Stadt" ist stets eine Entscheidung zu treffen. Zwar verlangte der soziale Kontakt im belebten Anonymat der Großstadt schon immer die Absprache oder die Gunst des Zufalls. Mit dem Umbau der Zentren verliert jedoch der Zufall seine Chance, wenn Kontaktsituationen nur mit erhöhter Initiative überhaupt erst herzustellen sind. Dies befreit von unerwünschten Begegnungen, kostet aber zusätzliche Mühe. Während der Arbeits- und Einkaufszeit dominieren auf den Aufmarschplätzen der Konsumenten sachlich reduzierte Kontakte; die persönliche Kommunikation schwindet, wenn einzig das Geld als Medium dient. Den kommerziellen Zonen droht die soziale Vereisung.

Neuerdings beleben sich nachts die Kulissen aus Glas und Beton. Scheiben klirren, Steine schwirren durch die Luft, Schlagstöcke und Wasserstrahlen scheuchen Beteiligte und Unbeteiligte durch die Straßen, einzelne Feuer nagen am Packeis. Die Revolte streitet gegen den sozialen Frost, gegen die tote Stadt mit lebenden Charaktermasken. Alte Werte leiten den Krawall:

„Platz den Menschen. Befreit die Pflastersteine vom Asphalt, gebt die Straßen dein Unkraut und die Mauern den Bruchsteinen zurück. Macht aus den Einbahnstraßen grüne Parks und aus den Kreuzungen Kindergärten. Schafft den Beton ab! Gebt die Stadt ihren Bewohnern zurück und vertreibt die Herren des Geldes. Man begegnet sich nicht für Geschäfte. Sondern für die Brüderlichkeit. Platz den Menschen."

So hieß es anläßlich der Unruhen in Zürich 1981. Zwar stand am Anfang der Stadt der Markt, auf dem man sich zum Tausch traf, aber keine Agglomeration von Banken und Versicherungen. Brüderlichkeit und Gemeinschaft blieben stets den Quartieren mit hoher Seßhaftigkeit und sozialer Homogenität vorbehalten. Denn in der Stadt regiert das Prinzip der Gesellschaft, nicht der Gemeinschaft. Aber die schleichende Zerstörung der Stadt bewirkt einen grundsätzlichen Wandel. Häuser, Straßen und Plätze sind nicht länger eine Umgebung des Gebrauchs, sondern Objekte des Verbrauchs und Profits. Von einem relativ konstanten Umfeld des Wahrnehmens und Handelns haben sie sich zu kurzlebigen Verbrauchsgütern gewandelt. Geschichten hatten Städte schon immer, und manche Geschichte endete mit ihrem Untergang. Mittlerweile überleben jedoch auch in Friedenszeiten die Menschen ihre Häuser. Parallel zum erhöhten Tempo des sozialen Wandels bringt der beschleunigte tektonische Wandel die Stadt um ihre unverwechselbare Gestalt. So entstehen abermals Traumbilder von Ruinen und Idylle, Utopien der Heimat, in der die Zeit still steht. Wer nicht dem Exodus ins Grüne folgt, bevorzugt den langsamen Verfall, die Welt aus Bruchsteinen und Unkraut, in der sich besser hausen läßt als in vereisten Welten.

Weniger romantisch Gesonnene erinnern daran, daß Eis durch Feuer schmilzt. „Burn, Babylon burn", war einmal die Parole des Jugendaufstands in englischen Ghettos und Slums. An den Rändern der bewohnbaren Welt hatten weiße Skinheads und schwarze Westinder der Stadt der Ober- und Mittelklassen den Kampf angesagt. Sie setzten Straßenzüge in Brand, inszenierten Häuserkämpfe, attackierten die Polizei und kreierten die aggressive Kultur des Skin-Rock und Reggae. Plattenhüllen zeigten zu Trümmern erstarrte Betontürme, flackernde Brände, den roten Feuerstreif über der Stadt. Im Kultfilm „Jubilee" streiften einst Punks mordend und sengend durchs brennende London. Während der Protest der Mittelschichten nostalgisch romantische Zeiten wiederzubele-

ben pflegt, erneuerten jene, die nichts zu verlieren haben,
die alte Apokalypse. Nach der Zerstörung Babylons
winkte das alte Land der Väter, die Rückkehr in die afri-
kanische Urheimat. Im Rasta-Kult der westindischen
Einwanderer hatte für die sündigen Städte der westlichen
Zivilisation die Stunde des Jüngsten Gerichts geschlagen. Sie läßt ahnen, welche Untergänge modernen Städten noch bevorstehen.

Krieg und Stadt

Kriege bieten Menschen die willkommene Chance, andere Menschen auszulöschen, Landstriche zu verwüsten und Städte zu brandschatzen. Der Affekt gegen die Stadt ist so alt wie die Geschichte des homo sapiens. Wälle einzuebnen, Mauern niederzureißen, Türme zu sprengen, diese Tätigkeiten scheinen dem Gattungswesen besonderes Vergnügen zu bereiten. Jenseits von Zielen und Zwecken, welche die Gewalt einhegen könnten, sucht die Zerstörungslust, alle Hindernisse zu eliminieren. Sie verwüstet, verbrennt, zerschlägt und zertrümmert, was die Aktion behindern könnte. Ob unter dem Banner der Ordnung oder der Freiheit, ob im Namen des Kreuzes oder Halbmonds, des Staates, der Nation, der Vernunft oder der Gerechtigkeit, Gewalt birgt stets die Tendenz in sich, über das Verletzen und Töten hinauszugehen. Sie nimmt auch die hölzernen, steinernen oder stählernen Dinge ins Visier, mit denen die Menschen ihr Leben ausgestattet haben, die symbolische und materielle Kultur, in denen die Menschen leben, wohnen und arbeiten. Eroberung bedeutet keineswegs nur, Beute in Besitz zu nehmen. Nicht selten liegt der wahre Triumph in der vollständigen Destruktion.

Die Beispiele sind bekannt. Ein kursorischer Überblick zeigt, daß sich die Krieger über die Jahrtausende stets auch gegen die Stadt als solche gewandt haben. Troja sollte, will man Vergils „Aeneis" Glauben schenken, einzig in der Erinnerung überleben. Palast und Tempel,

Türme, Wehrmauern und Häuser wurden von den Eroberern eingeäschert. Niniveh, die Hauptstadt Assyriens, wurde von den Medern und Babyloniern bis auf die Grundfesten vernichtet. An den Trümmern der gewaltigen Stadttore fand man nach Jahrtausenden noch ein paar Skelette der Verteidiger. Joshua befahl den aus Ägypten zuwandernen Israeliten, Jericho zu zerstören. Alexander ließ das phönizische Tyros nach sieben Monaten Belagerung beim letzten Ansturm niederbrennen und 2000 besiegte Feinde in Reih und Glied ans Kreuz nageln. Karthago wurde nach sechs Tagen erbitterten Straßenkampfes von den Römern vollständig in Brand gesetzt. Etwa 50.000 Einwohner von vormals 500.000 verließen am Ende die Burgfestung, die ihnen als letzte Zuflucht gedient hatte. Sie wurden in die Sklaverei verkauft; in den Flammen des Tempels verbrannten die letzten 900 Überlebenden. 1258 fackelten die Mongolen Bagdad ab und türmten Pyramiden mit Tausenden von Schädeln auf.

Nach der Erstürmung Magdeburgs durch Tillys Truppen blieben an Gebäuden nur der Dom, ein Kloster, 50 Häuser und 140 kleine Hütten am Fischerufer vom Feuer verschont. Von der Bevölkerung überlebten zehn Prozent. Während der napoleonischen Kriege beschossen die Engländer im September 1807 drei Tag lang Kopenhagen mit Schiffsgranaten, die weite Teile der Stadt in Schutt und Asche legten. Gegen Ende des amerikanischen Bürgerkriegs hinterließen Shermans Blauröcke auf ihrem Zug durch Georgia und Carolina einen weiten Streifen der Verwüstung. Sie verbrannten alles, was sie nicht selbst gebrauchen konnten. Am 17. Februar 1865 erreichten zwei Korps Columbia, die Hauptstadt von South Carolina. Am nächsten Morgen lag die halbe Stadt in Trümmern. Tausende Baumwollballen brannten auf den Straßen lichterloh.

In Warschau waren durch das mehrfache deutsche Destruktionswerk während des Zweiten Weltkriegs 10.455 Gebäude zerstört, davon 923 historische Häuser, 25 Kirchen, 14 Büchereien, 145 Schulen und die meisten historischen Denkmäler. Viele alliierte Bombenteppiche in der Endphase des Zweiten Weltkriegs dienten nur mehr der Vernichtung der Städte, die noch nicht zertrümmert waren: Heilbronn, Hildesheim, Mainz, Paderborn, Halberstadt, Worms, Pforzheim, Chemnitz, Potsdam, Dresden.

Auch nach dem Weltkrieg setzte sich der Krieg gegen die Stadt fort. Während des jugoslawischen Bürgerkriegs bombardierten die serbischen Truppen gezielt die Altstädte von Osijek, Zadar, Vukovar, Dubrovnik, Sarajevo, während die Kroaten die Altstadt von Mostar demolierten. Der islamische Terrorangriff auf New York vom 9. September 2001 war auch eine Attacke gegen die Zivilisation der urbanen Metropole. Und im Ukraine-Krieg des Jahres 2022 beschossen die russischen Angreifer wahllos und gezielt die gesamte gebaute Umwelt, die technische Infrastruktur der Kraftwerke, Industrieanlagen, Nahrungslager, Gas- und Stromleitungen, Brücken, Straßen, Wohnhäuser. Neben den physischen Grundlagen der Gesellschaft wurden auch die sozialen und kulturellen Institutionen zerstört, die Kindergärten, Schulen,

Krankenhäuser, Museen, Kirchen. Einige Städte wurden Quadrat für Quadrat systematisch vernichtet: Tschernihiv, Lyman, Mikolaiev, Mariupol.

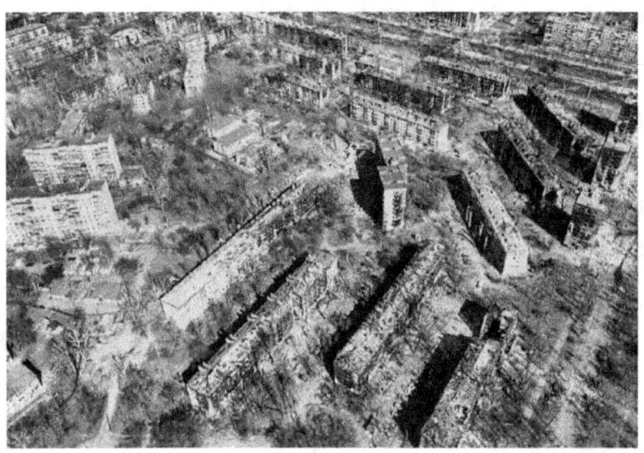

Krieg ist keineswegs nur Krieg gegen Menschen, er ist auch Krieg gegen deren sachliche Lebenswelt. Leben die Feinde in Städten, sind diese zwangsläufig Ziel des Angriffs. Doch gibt es auch eine besondere Aggression, die sich gegen die Stadt als solche richtet. Obwohl militärisch ohne Bedeutung werden Städte und deren Einrichtungen planiert. Neben dem modernen Sprengstoff ist das Feuer die bevorzugte Methode des Zerstörens. Die Geschichte der Menschheit weiß die Brandsäule schon immer zu schätzen. Feuer ist die Vernichtungskraft an sich. Das Brandfest ist eine besondere Feier. Denn das Feuer, diese gefräßige, alles vertilgende Macht wirkt wie das Zeichen des Sieges. Im Feuer bricht alles zusammen, was der Hitze nicht zu widerstehen vermag. Noch die verrußten Mauerreste sprechen von seiner überwältigenden Destruktivkraft. Nicht umsonst starren die Eroberer wie gebannt auf die auflodernden Flammen. Das

Feuer, das sie gelegt haben, zeugt von ihrer Gemeinschaft. In ihm erkennen sie sich selbst. Einen unabwendbaren Zwang scheint es auf sie auszuüben. Jeden Blick zieht es an, denn in ihm ist zuletzt jeder Täter mit jedem anderen vereint.

Die Motive mögen variieren. Städte werden aus Rache zerstört, aus Vergeltungsgier, aus Wut, Gleichgültigkeit, Vorsicht oder strategischem Kalkül. Oft soll der Feind demoralisiert und zur Aufgabe gezwungen werden. Städte werden während einer Belagerung beschossen, um den Widerstandsgeist zu brechen, sie werden nach der Besetzung abgebrannt, um sich für hartnäckige Gegenwehr zu rächen. Oder sie werden von Ferne oder aus der Luft bombardiert, um die Wirtschaft oder Rüstungskraft des Feindes zu schwächen. Doch besagen weder diese subjektiven Motive noch die militärischen Kalküle etwas über den objektiven Sinn der Destruktion. Über die Bedeutung des Zerstörens können zuletzt nur die wenigsten Akteure eine Auskunft geben.

Das Zerstören ist eine Handlungsweise sui generis. Menschen beseitigen Objekte, die ihnen im Wege stehen. Zerstörung schafft freien Raum, sie annulliert das Gegebene. Sie will nicht verändern, sie will abschaffen. Was ist, das soll nicht sein. Die Destruktion ist das radikale Gegenteil des Herstellens. Obwohl sie mitunter Arbeit macht, ihr Ziel ist nicht Veränderung, sondern der leere Platz. Zuletzt will sie Entgegenständlichung, will die Artefakte aus der Welt schaffen. Nicht um die Eigenschaften der Gebäude geht es ihr, sondern um deren Existenz. Die Gewalt sucht die freie Fläche, die tabula rasa. Ihr

Werk ist erst vollendet, wenn aus der Stadt eine plane Wüstenei geworden ist. So zieht jede Stadt den Haß auf das Bestehende geradezu an. Denn nichts widerspricht dem Wunsch nach dem leeren Raum mehr als eine Ensemble aufragender Häuser, als eine Stadt.

Mit dem Planieren geht eine radikale Entwertung einher. Die Achtung vor der Bauleistung, der Arbeit und Kreativität, vor der sakralen, kulturellen oder auch nur funktionalen Bedeutung der Bauwerke löst sich in nichts auf. Das Gebot des Bewahrens ist aufgehoben. Um den materiellen Schaden schert sich der Zerstörer nie. Er will nicht rauben, plündern oder umverteilen. In der zerstörten Stadt gibt es keine Güter mehr, die noch des Besitzes würdig wären.

Die Destruktion verschafft eine große Erleichterung. Im Zerstören sind die Krieger alle Sorgen los. Die Zwänge der Kultur, der Triebverzicht und die Vertagung von Bedürfnissen haben sich in Luft aufgelöst. Stadtzerstörung ist immer Destruktion von Zivilisation. Mit großem Getöse feiern die Stadtmörder das Fest der Gewalt. Glasscheiben klirren, Mauern bersten, Geschrei erfüllt den Platz, endlich der Donnerschlag der Explosion, die das Gebäude in sich zusammenfallen läßt. Der Krach ist wie ein Fanal der Freiheit. Ziel und Aktion sind eins. Die destruktive Tat ist selbst die Freiheit. Indem sie die Mauern einreißen, die Rathäuser, Schlösser, Kirchen, die Zwingburgen der Arbeit schleifen und die Monumente niederlegen, erlangen die Eroberer ungeahnte Freiheit. Die Tat verkörpert selbst die Freiheit, in jedem Schlag, in jedem Trümmerstein und Glassplitter ist sie da. Sie muß nicht mehr mühsam erkämpft werden. Nicht länger wird das Handeln überschattet von moralischen Werten, Zwekken, Prinzipien, taktischen Plänen. Die Destruktion zersprengt alle Grenzen und Formen. Daher genügt das Zerstören ganz sich selbst. Das Tun ist das Motiv. Die Lust der Zerstörung ist keine schöpferische Lust. Sie verfolgt keine Zwecke jenseits ihrer selbst, sie will nichts hervorbringen, sie will nur sein. Die Gelüste der Freiheit erfüllen sich in der Praxis, im Akt des Zerstörens. Ihrer Ketten ledig, tanzen die Menschen durch die Straßen und suchen sich neue Objekte, die Kasernen und Kanzleien, einen Krämerladen irgendwo, einen Supermarkt, eine Villa, eine Fabrik.

Zerstörung wendet sich gegen die Dauer der Zeit, sie ist radikale Verzeitlichung. Was Bestand hatte, wird zertrümmert. Es ist wert, daß es zugrunde geht. Mit einem allmählichen Umbau der Stadt halten sich die Zerstörer nicht auf. Sie haben keine Geduld. Häuser werden nicht dem Verfall überlassen. Ruinen sind lediglich Überreste unvollständiger Zerstörung. An ihnen nagt der Zahn der Naturzeit, über Jahre, Jahrhunderte. Die Destruktion aber will der Natur voraneilen. Sie will ein rasches, augenblickliches Ende. Schlagartig soll der Vergangenheit und Gegenwart ein Ende gemacht werden. Geschichte soll abgebrochen werden. Nichts erregt tieferen Haß als die Monumente, in denen sich die Zeit kristallisiert hat, die von einer Aura der Unvergänglichkeit umgeben sind: die Statuen des Gedenkens, die Reste großer Kultur. Radikale Religionen, die keine anderen Götter neben sich dulden, ertragen keine andere Zeit als ihre eigene. Die uralten Ruinen von Nimrud, Niniveh, Palmyra wurden letzthin von radikalen Muslimen zerstört. Destruktion ist eine Aktion gegen die Geschichte. Mit Zukunft hat sie wenig im Sinn. Auch wenn eine neue Zeit auf ihrer Fahne geschrieben sein sollte, in Wahrheit ist sie ganz mit dem Alten, mit dem Überlieferten beschäftigt. Dagegen richtet sich der ganze Haß. Während der Gewaltaktion sind Entwürfe oder Utopien belanglos. Was zählt, ist der akute, praktische Beweis der Vergänglichkeit, der Exzeß gegen das Unsterbliche. Der Abriß der Uhrtürme, die Schüsse auf die Zifferblätter sollen nicht die Gegenwart anhalten; sie sollen die größte Macht abschaffen, welche den Menschen auferlegt ist, die Macht, die niemals vergehen wird: die Zeit selbst.

Das Zerstören erstrebt Vollständigkeit. Doch ist die Destruktion der Stadt erst total, wenn auch die letzten Spuren getilgt sind und nichts, aber auch gar nichts mehr auf sie hinweist. Totale Zerstörung will die Dinge restlos einstampfen, ihre materielle Substanz ebenso wie ihre Bedeutungen. Ihr Traum ist die Einöde, wo kein Stein, kein Splitter, keine Scherbe zu finden ist: der stumme Ort, die weiße Szenerie.

Aber Wirklichkeit erlangt dieser Traum nur dann, wenn sich auch keine Erinnerungen mehr an die Leere heften. Die Auslöschung des Gedächtnisses aber braucht Zeit. Für die Zeitgenossen ist die Abwesenheit des Zerstörten noch gegenwärtig. Sie kennen den Zustand davor. Zwar können Menschen schnell vergessen, aber erst wenn ihr Wissen gänzlich ausgetilgt ist, hat die Zerstörung ihr

Endziel erreicht. Nun deutet kein Name, kein Ziegel, kein Steinbrocken mehr darauf hin, wo einst die Stadt stand. Der kahle Berghügel, der öde Platz am Flußufer, die Geröllhalde haben ihren Gedächtniswert verloren. Es ist, als sei nie etwas geschehen, als hätte die Stadt niemals existiert.

Allerdings ist Destruktion nur selten total. Wie alles Handeln muß auch das Zerstören Kompromisse mit der Wirklichkeit schließen. Oft muß man sich mit Teilerfolgen begnügen oder die Dinge zweckentfremden. Man nutzt Tempel als Kirchen und Kirchen als Moscheen, Paläste oder Amphitheater als Steinbrüche, und man schichtet mit den alten Quadern neue Festungswälle auf. Man reißt Wände nieder, um freies Schußfeld zu gewinnen, sprengt Brücken, Bahngeleise oder Telegraphenmasten, um die Verbindungswege des Feindes zu unterbrechen. Man stürzt Fahrzeuge um, reißt Steine aus dem Pflaster und schleppt Möbel heran, um eine Barrikade zu errichten. In diesen Fällen steht die Zerstörung im Dienste einer anderen Gewalt: der des Kampfes.

Nicht selten fehlen zur vollständigen Zerstörung auch die technischen Hilfsmittel. Gegen viele Artefakte der Stadt ist der menschliche Körper allein machtlos. Holzwände lassen sich noch mit energischen Fußtritten umstoßen. Der Abriß einer Säulenhalle, einer Betonmauer, eines Straßenzugs oder einer Industriehalle aber ist ohne Hilfsmittel nicht zu bewerkstelligen. Wählerisch sind die Menschen zwar nicht. Was gerade zur Hand ist, wird verwendet: Brecheisen, Spaten, Spitzhacke. Doch bleibt so das Zerstören eine mühselige, grobschlächtige Handarbeit. Ein Mißgeschick indes muß man kaum fürchten. Wo nichts zurückbleiben soll, ist jeder Schlag recht.

Der Mutwille des Improvisierens hat seinen eigenen Reiz. Oft lenkt der Zufall die Handgriffe, und häufig ist das Resultat so ungewiß wie das Tun ungenau. Gespannt verfolgen die Menschen, wie das Gebäude einstürzt, das Glas zerschellt, das Feuer abbrennt. Sie beobachten, was die Gewalt übrigläßt. Die Lust am Zufall verleiht dem Zerstören einen aleatorischen Aspekt. So verbissen mitunter die Arbeit gegen die Objekte verrichtet wird, es ist wie ein böses Spiel. Der Gewinn ist Schutthalde, der Scherbenhaufen, das Chaos. Um so größer aber ist das Vergnügen, wenn Willkür und Muskelkraft, wenn ein glücklicher Schlag die Mühen weiterer Arbeit erspart.

Nicht immer ist den Tätern an der totalen Destruktion gelegen. Sie hinterließe nichts, auch kein Zeichen ihrer selbst. Wo nichts als Leere zurückbleibt, hat sich auch die Geste des Zerstörens verflüchtigt. Daher wollen viele ein Zeichen setzen, wollen sich selbst erleben, ihre destruktive Macht, die Kraft ihres Willens. Wer sich nur als Schatten seiner selbst empfindet, spürt in der Untat, daß er noch da ist. Sie füllt sein inneres Vakuum auf. Für den Zerstörer hat die Tat einen subjektiven Sinn. Er will Applaus ernten, will protestieren gegen die Zivilisation, die ihn einzwängt, die ihm aufgezwungen ist. Die Feinde sollen in Schrecken versetzt, die Freunde ermutigt werden.

Totale Zerstörung ist ein Handeln ins Leere, ins Nichts. Ihm fehlt die sichtbare Trophäe, die den Triumph verkörpert. Das Nichts ist kein Symbol des Sieges. Deshalb lassen viele Krieger Spuren zurück, ein einsames Haus inmitten der Trümmerwüste, eine Lücke in einer sonst halbintakten Häuserzeile, ein unversehrter Turm in der zerstörten Stadtmauer, ein aufgeschichteter Steinhaufen vor dem ausgebrannten Rathaus. Über der Ruine wird die Flagge des Eroberers gehißt. Der leere Sockel, auf dem einst die Skulptur stand, bleibt unversehrt.

Die Stadtzerstörung im Krieg birgt also gegensätzliche Impulse in sich. Einerseits will sie abschaffen, wegräumen, verwüsten, alles dem Erdboden gleichmachen. Andererseits sollen Anzeichen auf das Zerstörungswerk hinweisen, ein Memento, das den Akt der Vernichtung überdauert. Zwischen der Gier nach Verwüstung und dem Wunsch nach symbolischer Dauer schwankt die Destruktion hin und her. So teilt das Zerstören mit dem Herstellen zuletzt den Vorrang der Materie. Die Beschaffenheit der Dinge, ihre Funktionen und Bedeutungen bedingen das Handeln. Noch im Moment des Niederreißens wirkt der Zwang der Dinge fort. Er steuert die Handgriffe, die Energien und Bedeutungen. Die Vormacht der Kultur reicht bis in die Praxis ihrer Zerstörung hinein.

Endzeiten

In Rotterdam findet sich der rechte Flügel eines unvollendeten Triptychons des Hieronymus Bosch. Es zeigt den Zustand der Erde nach der Sintflut. Noahs Arche ist auf dem Ararat gestrandet, das Wasser hat sich verzogen, zwischen den kahlen Hügeln verwesen Leichen und Kadaver. Aus der Arche schlängeln sich die Tiere zwischen den Erhebungen hinab, um neues Leben in die Wüste zu tragen.

Bosch, der pessimistische Darsteller menschlicher Verderbnis und höllischer Marter, erinnert zu jener Zeit nicht als einziger an den Menschheitsmythos der großen Flut. Um 1514 zeichnet Leonardo da Vinci die Phasen der Überflutung. Auf einem Blatt sieht man, wie Regenschauer, Wolken und Meeresbrandung das Gemäuer mit

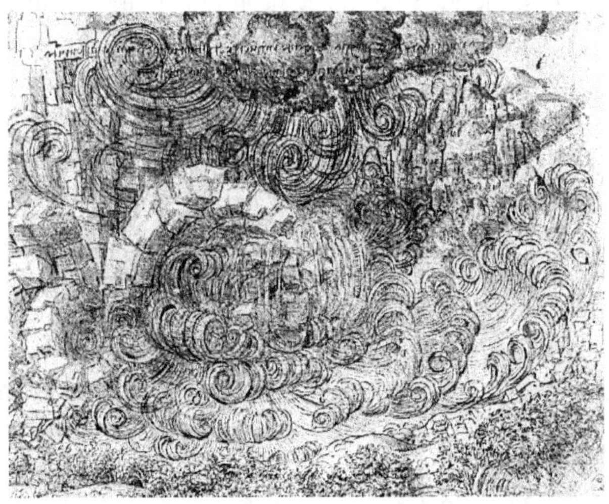

sich in den Strudel reißen. Wasser, Erde und Stein „fließen" ineinander, Vegetation und Lebewesen sind längst verschwunden. Die Fluten schwemmen die Reste der Zivilisation hinweg. In Boschs Bild hatte noch die Vorstellung überlebt, wonach das Strafgericht die Menschen von allen Sünden reinigen und allen Lebewesen ein neues Zeitalter eröffnen würde. Bosch beschreibt den Neubeginn, Leonardo das finale Chaos.

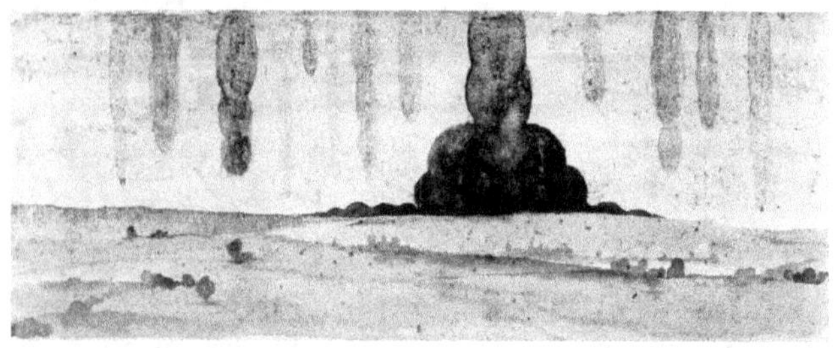

In der Nacht auf Donnerstag nach Pfingsten des Jahres 1525 sah Dürer eine vom Himmel herniederstürzende Sintflut. *„Im Schlaf habe ich dieses Gesicht gesehen, wie viele, große Wasser vom Himmel fielen. Und das erste traf das Erdreich ungefähr vier Meilen von mir mit einer solchen Grausamkeit und einem übergroßen Rauschen und Zerspritzen und ertränkte das ganze Land. Darüber erschrak ich so schwer, daß ich daran erwachte, ehe dann die anderen Wasser fielen. Und die Wasser, die dann fielen, die waren fast ebenso groß und fielen teils näher, teils weiter entfernt, und sie kamen von so hoch oben herab, daß sie wie in Gedanken langsam fielen. Aber als das erste Wasser, das das Erdreich traf, schier herankam, da fiel es mit einer solchen Geschwindigkeit*

und einem solchen Wind und Brausen, daß ich derart er-
schrak, als ich erwachte, daß ich am ganzen Körper zit-
terte und lange nicht zu mir selbst kam. Aber als ich am
Morgen aufstand, malte ich hier oben, wie ichs gesehen
habe. Gott wende alle Dinge zum besten." Dürers Aquarell zeigt den Aufprall der ersten von vierzehn gewaltigen Wassersäulen, die gleich einer Explosion die Erde
erschüttern und in der Flut ertränken werden. Der Maler
hat die Traumvision vom nahen Ende schriftlich und mit
dem Pinsel festgehalten und so dem persönlichen Albtraum bleibende Geltung verschafft.

Im Jahre 1912, als der Eisberg die Titanic im Nordatlan-
tik zerschneidet, überfallen Ludwig Meidner Visionen
der bevorstehenden Katastrophe. Eine „apokalyptische
Landschaft" zeigt den nächtlichen Einbruch des Feuers
in die Stadt. Feuergarben zischen vom Himmel hernieder, Häuserfronten klappen zusammen, kleine Gruppen
Überlebender irren in Panik umher. Zwei Männer suchen dem Inferno zu entrinnen; und über den torkelnden
Häuserzeilen zieht der Zeppelin seine Bahn. Seismogra-
phisch scheint Meidner kommende Bombennächte geahnt zu haben: das Ende der Welt durch das von Menschenhand entfesselte Feuer. Nicht Gott schickt die Flut,
das Gattungswesen vernichtet sich selbst.

Nach der Flucht aus Frankreich beendet Max Ernst 1942
das Bild von „Europa nach dem Regen". Das üppige
Wachstum ist der versteinerten Natur gewichen. Die aus-
gewaschenen Felsen, korallen- und algenähnliche Gebilde erinnern an die abgezogene Flut. Wie Tropfsteine ragen Silhouetten empor. Vor den überwucherten Säulen-

trümmern eines Tempels liegt das Einhorn, Zeichen der
Kraft, der Sinne, aber auch der Menschwerdung Christi,
in geschmolzenes Metall und dornenähnliches Gestrüpp
eingewachsen. Menschliche Körper sind zu Felsen versteinert, der vogelköpfige Mensch ist stranguliert. So
könnte die Welt nach dem nuklearen Regen aussehen.
Mit der Rückkehr der lebendigen zur toten Materie, der
Umkehr der Evolution, hat das Zeitalter der Kristallisati-
on begonnen. Der Todestrieb, der nach Freuds Mytholo-
gie dem Totenreich des Anorganischen zusteuert, hat
sein letztes Ziel, den Anfang, erreicht.

*

Weltbilder des Untergangs begleiten die Geschichte seit
je. Sie bezeugen deren Nachtseite, berichten vom Zer-
brechen politischer und kultureller Ordnungen, von der
Übermacht der Natur. Zeitweise verbreiten sich solche
Ideen epidemisch und durchdringen gesellschaftliche
Stimmungen. Manchmal gewinnen sie sogar historische
Triebkraft in sozialen Bewegungen. Doch häufig bleibt
die Wirkung der Visionen begrenzt, ohne indes ganz zu
verschwinden. Sogar in Epochen des Aufbruchs und des
Fortschrittsglaubens überleben im Untergrund oftmals
Denkfiguren von der Rückseite der Geschichte, vom na-
hen Ende des Glücks.

Keineswegs lassen sich apokalyptische Vorstellungen
immer aus realen Krisen, Katastrophen oder dem nahen
Kollaps einer Kultur ableiten. Zwar begünstigen Kriege,
Seuchenzüge oder Hungersnöte die Entstehung kollekti-
ver Ängste und Untergangsphantasien, doch sind die ma-

teriellen Tatsachen für die Verbreitung eines Endzeitglaubens weder hinreichend noch notwendig. Es gibt große gesellschaftliche Krisen ohne jede Endzeitdeutung, wie umgekehrt Untergangsstimmungen sich auch ohne reale Krisen verbreiten können.

Obwohl der Ursprung der Ideen also nicht in jeweils akuten sozialen oder ökonomischen Zuständen liegen muß, so sind diese Ideen dennoch in ihren Folgen real. In dem Maße, wie die Apokalypse sich zur verbindlichen Mentalität verdichtet, lenkt sie die Wahrnehmungen, Gedanken, Stimmungen und Handlungen der Menschen. Sie erzeugen oder verschärfen Feindseligkeiten, forcieren soziale Bewegungen oder dienen abgeschotteten Gruppen als Zerrbild der Weltläufte. Man erinnere sich beispielweise der Taboriten während der Hussitenkriege, der Wiedertäufer in Münster, der englischen Kolonisten Nordamerikas, der millenaristischen Kulte Melanesiens, der Davidianer in Waco, des japanischen Aum-Kultes, des Massenselbstmorden der Sonnentempler in den 90er Jahren oder des Gruppensuizids von Heaven's Gate in Rancho Santa Fe. Apokalypsen können Gruppen in den Untergang treiben, den sie zunächst nur erwartet oder gefürchtet hatten. Die Prophezeiung erfüllt sich selbst, indem die Gläubigen selbst das tun, woran sie zutiefst geglaubt haben.

Radikale Endzeitvisionen treffen nicht selten auf Widerstand. Zwar kennt die Geschichte des Gattungswesens viele finale Stadien. Städte und Zivilisationen verschwanden unter Geröll und müssen von Archäologen mühsam ausgegraben werden. Unzählige Völkerschaften wurden vernichtet, Kulturen zerstört, Sprachen eliminiert. Das Totenreich war bis vor kurzem dichter bevölkert als die Welt der Lebenden. Dennoch sperrt sich der Zeitgeist gegen die Einsicht in die kollektive Vergänglichkeit. Wer wagte zu denken, daß der aktuelle Frieden befristet, die Demokratie endlich, der Wohlstand nicht von Bestand ist? Das Individuum mag sterben, aber lebt die Gesellschaft nicht weiter, trotz Krieg, Feuer und Eis? Städte versinken in Schutt und Asche, aber in den Trümmern beginnt der Neuaufbau. Kirchen und Tempel verfallen, aber gebetet wird noch immer. Daß es einmal keine Überlebenden mehr geben könnte, daß der letzte Mensch verschwinden wird wie die Fußspur im Sand, die von einer Welle sanft hinweggespült wird - solche Gedanken übersteigen das allgemeine Vorstellungs- und Gefühlsvermögen. Sie entthronen den ewigen Gott der Gesellschaft.

Anhängern des Fortschritts sind endzeitliche Stimmungen ohnehin verdächtig. Sie widersprechen dem Optimismus des Alltags und ruinieren den Glauben an die Verbesserung der Welt. Nichts widerspricht der humanistischen Allmachtsphantasie stärker als die Einsicht in das baldige Ende. Sie steht konträr zu allen Ideologien des technischen, sozialen oder gar moralischen Fortschritts. Geschichte erscheint als Chronik des Leidens. Radikal widersprechen die finalen Visionen der Idealisierung, wonach alles erst einmal wie bisher weitergehen wird. Nicht Handlungen, sondern Widerfahrnisse bestimmen die Zukunft, eigendynamische Prozesse jenseits menschlicher Macht und Machbarkeit. Das Subjekt mag noch so standhaft, das Werk noch so haltbar, der Damm noch so hoch sein, am Ende werden Säulen von Wasser auf die Erde herniederstürzen und alles mit sich reißen. Die menschliche Welt wird verschwinden - für immer.

*

Inwieweit solche Albträume den Alltag verändern, hängt von den Zeitmodellen der Krisendiagnose ab. Wer sich in einer Epoche des Verfalls wähnt, unterliegt keinem unmittelbaren Handlungsdruck. Niedergang ist nicht Untergang. Dekadenzbewußtsein kennt weder Alarmismus noch Aktivismus. Es hemmt das Handeln, flüchtet in Reflexion, Erfahrungshunger, Weltschmerz, Innerlichkeit. Bis zum Ende der Vorstellung bleibt noch Zeit. Bis dahin vertreibt man sich die Langeweile. In den Stätten der Monotonie, vor dem Kiosk, im Salon, Bistro, Spielsaal oder TV-Studio vergeht die Restzeit gemächlich. Das Ende ist noch fern, das Siechtum dauert an. Für Hoffnung ist noch Raum, wenn auch nicht für eigene Anstrengung. Verfallskonzepte schließen die Naherwartung des Endes aus. Sie sind Krankheitsbilder der Gegenwart, Diagnosen chronischer Hinfälligkeit. Damit kann man sich abfinden. Ist es nicht ein besonderes Vergnügen, der Lust am Verfall zu frönen, die frei ist von Mühsal und Verantwortung?

Dekadenzen kehren in der Geschichte regelmäßig wieder. In der Spätantike galt die Zeitspanne zwischen Christi Erscheinen und Weltenende als letztes Zeitalter, als Zeit des Alterns, in der sich nichts Neues mehr in der

Weltgeschichte tun sollte. Der entmachtete Schwertadel der frühen Neuzeit dämmerte in der höfischen Gesellschaft Ludwig XIII. dahin, erging sich in romantischer Nostalgie, bevor er sich in der Fronde zum letzten Mal gegen Verhofung und königliche Zentralmacht erhob. Vom politischen Geschäft ausgeschlossene Aristokraten und Weltbürger versammelten sich im Salon, der Stätte kultivierter Monotonie. Bohemien und Dandy in den Weltstädten des vorletzten Jahrhunderts veredelten Impression und Expression und gewannen dem Verfall ästhetischen Genuß ab. Sie frönten der Lust am Untergang.

Alte Gesellschaften zeigen häufig Merkmale der Dekadenz. Die Bewohner klammern sich an Traditionen und Besitzstände. Sie pflegen den Kult des Gedächtnisses; obwohl sie kaum etwas haben, worauf sie stolz sein könnten. Das gründliche, höchste Interesse hat sich aus ihrem Leben verflüchtigt. Ziele haben sie aufgegeben. Ihr Bedürfnis ist befriedigt. Alles soll so bleiben, wie es ist. Solche Gesellschaften sind eine politische Nullität. Im Niedergang bleibt ihnen nichts, was sie gewinnen könnten. Sie haben kein Projekt, keine Zukunft.

Aber häufig haben die Spätzeiten des Niedergangs noch einen zeitlichen Doppelsinn. Sie sind Endzeiten und zugleich Zeiten der Erneuerung. Das gealterte römische Kaiserreich erlangte immer wieder neue, jugendliche Kräfte. Für Ammian war die Herrschaft Marc Aurels die Wiederkehr der guten alten Zeit. Christliche Autoren verliehen der Greisin Roma nach der staatlichen Bekehrung zum Christentum die Jugendfrische des Neubeginns. Das natürliche Bild von Verfall und Wachstum, vom Zyklus biologischer Zeit, entschärft den Pessimismus über den linearen Niedergang und das Fin de siecle. Friedrich Nietzsche, selbst Prophet einer Endzeit, kleidete das Doppelgesicht der Dekadenz in die persönliche Formel einer doppelten Herkunft: „gleichsam aus der oberen und der untersten Sprosse an der Leiter des Lebens, décadent zugleich und Anfang". Spätzeit und Jugendzeit, Trauer und Aufbruchswillen, Albtraum und Heilung prägen das Zeitmodell der Dekadenz; nach einem Worte Stefan Georges: „Jede niedergangserscheinung zeugt auch wieder von höherem Leben".

*

Verfallskonzepte schließen das nahe Zeitenende aus. Sie lassen Chancen der Korrektur zwischen Gegenwart und projizierter Zukunft und legen den Akzent auf den Vergleich zur Vergangenheit. Erst wenn die restliche Frist plötzlich zusammenschnurrt und der Niedergang sich rapide beschleunigt, scheint das Ende nah. Nun schlägt die Dekadenz um in das Drama der Apokalypse. Die Geschichte stürzt dem Ende zu. Das Weltvertrauen zerbricht, die Plage steigert sich zu unerträglicher Drangsal. Die Natur sendet Vorzeichen des nahen Untergangs: Kometen, Schlammregen, Vulkanausbrüche, Sturmfluten, Erdbeben, Dürren, Dauerregen, Atomexplosionen. Die Endschlacht steht kurz bevor, die große Entscheidung zwischen Gut und Böse, zwischen den Heerscharen des Lichts und den Horden der Finsternis. Gewalt nimmt dabei oft die Form terminaler Auslöschung an. Sie soll nicht verletzen, drohen, strafen oder bezwingen, sondern vollständig vernichten.

Auch die älteren Apokalypsen, wie sie in Hochreligionen oder totalitären Ideologien überliefert sind, trösten sich mit der Idee eines neuen Zeitalters. Eine Zeitlang herrschen messianische Wehen, bevor die neue Zeit anbricht. Seit biblischer Zeit, seit den Büchern Daniel, Esdras oder Johannes mündet das Unheil in die positive Utopie des Tausendjährigen Reichs. Auf der linearen Zeitachse gliedert sich das apokalyptische Szenario in die Phasen: Krisenverschärfung, Entscheidung, Erlösung. Mit dem Jüngsten Gericht, das die verkehrte Welt beschließt, öffnet sich der Weg ins neue Paradies. Dem Untergang folgt das Glück rundum. Die mythische Endzeit hat ein Ziel. Nach der Katastrophe wird alles gut.

Die eschatologischen Hoffnungen der jüdischen und christlichen Apokalyptik waren auf ein himmlisches Jerusalem gerichtet, der von Gott für den Messias und seine Gemeinden geschaffenen Hauptstadt Israels. Als utopisches Gegenbild zur Hure Babylon, dem Symbol städtischer Verderbnis, behielt die ewige Stadt ihre Faszination bis zu den Kreuzzügen des Mittelalters. Der kalabresische Mönch Joachim von Fiore datierte das Ende der Kirche der Verdammten auf das Jahr 1260. Dann sollte das Zeitalter des Sohnes dem Dritten Reich des Geistes weichen, der Kirche der Heiligen, die endgültig die Ideale der Armut und Gleichheit verwirklicht.

Im germanischen Gegenstück, der „Völuspa", einem Text der Edda, bevölkert nach der Endschlacht zwischen Riesen und Göttern eine neue Generation unter dem auferstandenen Lichtgott Baldur die neue Welt. Der Weltenbrand reinigt von Krieg und Habgier; danach winkt ewiger Friede. In Feuer und Wasser, den Flammen, die Brünnhilde entfacht, und den Wellen des Rheins, in die Hagen von den Nixen gerissen wird, endet Richard Wagners Fabel vom Ring des Nibelungen. Die brennende Götterburg ist zugleich Vorschein der anderen Welt.

Im 15. und 16. Jahrhundert gehen in deutschen Landen Weissagungen einer künftigen Endschlacht um. Satans Heere aus dem Osten, die mythischen Völker Gog und Magog, de facto nichts anderes als der heranbrausende Türkensturm, dringen bis nach Salzburg, Straßburg oder Köln vor, um dem siechen Reich den Todesstoß zu versetzen. Aber der wiedererwachte große Kaiser bannt die Türkengefahr. Das Reich triumphiert über den Osten und erledigt beiläufig noch alle Gottlosen und Ungläubigen. Nochmals lebt der Mythos vom schlafenden Kaiser auf. Als Figur der politischen Propaganda führt er seine Heere gegen die Antichristen. Im Taumel des Kriegsbeginns 1914 grassierten apokalyptische Deutungen im wilhelminischen Bürgertum. Von Kanzeln und Kathedern tönte es, der Krieg sei das Weltgericht, das Gott über die Feinde Deutschland verhängt habe. Das Reich sei Gottes Werkzeug gegen die Völker Satans: Frankreich und Rußland. An deutschen Kanonen sollte die Welt genesen.

*

Nach der Entzauberung der Götter und der Erfindung globaler Destruktivkräfte kennen säkulare Apokalypsen kein gutes Ende mehr. Der Krisenverschärfung folgt keine Erlösung und kein Paradies, sondern das Nichts. Die profane Apokalypse kennt kein Ostern oder Pfingsten, nicht einmal mehr eine Zukunft. Nicht daß sie bereits begonnen hätte, „die Zukunft hat", so Günter Anders, „wenn nicht alles täuscht, schon geendet". Die moderne Endzeit ist in einem radikalen Sinne nihilistisch. Endzeit ist zugleich das Zeitenende. Die Dekadenz trauert dem goldenen Zeitalter nach, die Eschatalogie erhofft ein künftiges Reich, die radikale Apokalypse indes denkt - an nichts. Nun ist auch die Gesellschaft sterblich. Dem Ende wird nichts mehr folgen. In der Posthistoire sind Zeit und Geschichte selbst zum Stillstand gekommen. Obgleich sich das Tempo sozialen, politischen oder technischen Wandels zusehends beschleunigt hat, gilt als zeitgemäßes Bekenntnis der Spruch: „no future". Die pure Gegenwärtigkeit hat den dekadenten Blick aufs Vergangene und die apokalyptische Naherwartung auf bessere Zeiten ersetzt. Dem Ende wird nichts mehr folgen.

Überdies haben sich die Räume des Desasters ins Globale, wenn nicht ins Kosmische erweitert. Bomben, Kometen oder Hitze bedrohen den gesamten Erdball. Eine einzige in großer Höhe gezündete Atombombe ist imstande, durch ihren elektromagnetischen Puls die Elektronik einer Zivilisation auf einen Schlag lahmzulegen. Flugzeuge, Autos, Kraftwerke, Spülmaschinen, Herzschrittmacher, Leitstellen und Anlagen fielen ohne Vorwarnung aus. So verletzbar die Weltgesellschaft freilich ist, die strategischen Planspiele jener, die das Undenkbare zu denken versuchen, rechnen zuletzt keineswegs mit der Explosion des Globus. Der begrenzte Schlagabtausch beträfe das Abendland oder den pazifischen Raum, nicht die Welt insgesamt.

Dabei war früher die Region schon die ganze Welt. In älteren Endzeiten dezimierten Pest, Hunger und Krieg in Mitteleuropa die Bevölkerung um ein Drittel, verwandelten Landstriche auf Jahrhunderte in Wüsteneien und entvölkerten die Städte. Die regionale Katastrophe galt den Einwohnern als Untergang der ganzen Welt. Seit Jahrzehnten raubt im Süden der Hunger Hunderttausenden das Leben. Vielerorts ist die Katastrophe längst im Gang, lange bevor die Aktivisten in Westeuropa den globalen Untergang für sich entdeckt haben. Schon seit langem horten manche Apokalyptiker Vorräte im eigenen Gartenbunker und trainieren fürs Überleben in der Steinzeit, die sie sich in Wahrheit gar nicht vorstellen können.

Einst erschallten die Posaunen zum letzten Gericht. Jetzt treiben sich die Menschen selbst in den Ruin. Metropolis und Megamaschine sind ihrer Hände Werk. Zu dem Grauen, nach einem Wort des großen Psychologen Machiavelli: „eine nie zu überwindende Eigenschaft des Menschen", tritt der Automatismus der sozialen und technischen Entwicklungen. Als Urheber des Verderbens wirken weder Götter noch Natur, sondern die unabsichtigen Folgen menschlichen Handelns. Nicht ein personaler Antichrist bereitet den Schrecken, es sind die versachlichten und anonymen Strukturen, die jenseits menschlicher Absichten ihr Eigenleben führen und den

Menschen aus dem Zentrum des Kosmos herauskatapultiert haben. Eine letzte Wahnidee liegt noch in der Phantasie menschlicher Omnipotenz. Nur weil das Unheil durch Menschen verursacht wurde, liegt es keineswegs mehr in deren Macht, die Folgen ihres Handelns zu korrigieren. Linear und unumkehrbar verläuft die Zeit der historischen Maschinerie - bis zum bitteren Ende.

*

Dekadente und apokalyptische Deutungen ziehen praktische Reaktionen nach sich. Wer endzeitlich gestimmt ist, orientiert sein Handeln um. Während jedoch das Dekadenzbewußtsein in Nostalgien und vergangenen Idyllen Zuflucht sucht, die Melancholie pflegt oder den Weltuntergang als Experiment durchspielt, radikalisiert das apokalyptische Bewußtsein die Aktivitäten. Doch wie die Denkmuster das Arsenal endzeitlicher Überlieferung beleihen, wiederholen auch die kollektiven Handlungsmuster alte Schemata. Deutungsfolien und Reaktionsmuster bedienen sich selbst der Geschichte. Sie bewegen sich zwischen Apathie und Aktionismus.

Bevor das kleine spanische Heer des Hernan Cortés in die Hauptstadt der Azteken Einlaß fand, hatte der Herrscher Moctezuma schon resigniert. Zehn Jahre zuvor war der Komet erschienen, der Tempel der Göttin Toci war abgebrannt, weitere Vorzeichen folgten. Als endlich die weißen Götter mit der Donnermaschine auftauchten, überließen die Azteken den wiederkehrenden Göttern der Endzeit das Terrain. Zum Aufruhr kam es nach der Apathie erst, nachdem mehrere hundert Adlige bei einem religiösen Fest, das die Besatzer genehmigt hatten, hingemetzelt worden waren. Der Glaube an das Ende bereitete den Gläubigen das Ende. Der Fatalismus der Apathie ebnete dem Schicksal erst den Boden. Die Prognose erfüllte sich, nicht weil sie wahr war, sondern weil an ihre Wahrheit geglaubt wurde. Die Prophezeiung wurde Wirklichkeit, weil sie das Handeln hemmte. Der Schrekken schlug die Menschen in Bann; sie erstarrten vor der kosmischen Leere, noch bevor sie eingetreten war.

Ähnlich verhält es sich mit der apathischen Depression der Individuen. Sie zielt auf einen Zustand ohne Leid und schafft doch neue Pein. Wie der Todgeweihte sich nach der letzten Rebellion zur Wand kehrt, verzichtet die Apathie auf weitere Expressionen. Sie läßt alles geschehen. In jener „unheimlichen Willenslosigkeit", bemerkt Hugo von Hofmannsthal 1893, erscheint das "Leben nicht als eine Kette von Handlungen, sondern von Zuständen". Doch wenn Schwermut keinen Genuß mehr verspricht und sich zu lähmender Monotonie zerdehnt, sucht die Melancholie die Elixiere des Vergessens. 1876 malt Edgar Degas die beiden Absinthtrinker im Bistro. Sie hokken da, ihr Blick ist erloschen, eingeschlossen in sich selbst. Ausgeleert verbringen sie die Restzeit im kalten Raum, keiner Reaktion mehr fähig. Auf dem Weg nach Innen ist die Endstation erreicht. Das soziale Dasein mit und gegen andere ist zur physischen Existenz reduziert. Traumlos harren sie auf nichts. Ein übriges tut die Droge. Endzeiten sind immer Blütezeiten der Droge. Sie verstärkt die soziale Isolation, für welche die Großstadt und ihr Massenverkehr den Boden bereitet hat. Das finale Stadium einer Gesellschaft zeigt sich nicht nur daran, daß viele der Arbeit überdrüssig sind. Es zeigt sich an den vielen Inseln einsamer Weltflucht. Im 20. Jahrhundert halten sich auf den Bildern Edward Hoppers verlassene Menschen in insulären Räumen der Großstadt auf, verlieren sich in unwirtlichen Hotelzimmern, kahlen Büros oder nächtlichen Imbißstuben: Figuren im Niemandsland.

Dem Reizschutz vor der Qual der Erlebnisse entspricht die Ausdruckslosigkeit. Das Handeln ist eingestellt, es herrscht Schweigen. Von Schiller bis Beckett und Celan begleitet die Literatur der „Schatten der Rede", die Sprachnot, ihre Zerstückelung, die Neigung zum Verstummen. Heute verdämmern Jugendliche, auf denen der Zeitgeist am ärgsten lastet, in den Nischen sprachloser Räume, in den Höhlen der Diskotheken, im Rausch der body-music, in den sozialen Medien der Bilder und Likes, wo nichts mehr gesagt wird.

Endzeiten lockern die Sitten, denn nun gilt die Devise: „Lasset uns essen und trinken, denn morgen sind wir tot" Der Aufschub der Wünsche, diese Basis der Arbeitsgesellschaft, hat seinen Sinn verloren. Die Rationalität der Sparsamkeit ist obsolet. Wofür soll man etwas zurücklegen, worauf sollte man noch warten, wenn nur das Hier und Jetzt existiert? Es ist nicht so, daß die Ausschweifung den Untergang beschleunigte. Es verhält sich umgekehrt. Weil die Gesellschaft glaubt, ihre Zukunft hinter sich zu haben, stürzt sie sich in die Feste der Verschwendung. Die Verzweiflung befreit die Sinne. In Pestzeiten verbreiteten sich Heiratswut und Völlerei.

Während der Mailänder Pest im Jahre 1586 bildeten sich viele politische Stubenbrüderschaften, die den ganzen Tag mit Fressen und Trinken sowie allerlei Karten-, Würfel- und anderen Spielen zubrachten. Verschwendung ersetzt das Prinzip der Berechnung. Um 1500, einer Zeit der großen Wende, war in Adelshäusern der Brauch des „Maiselns" üblich. Nach dem Essen bewarf man sich mit Speisen, Kuchen und Obst, schließlich mit Schmutzwasser oder Mehlsäcken. Gilt gar der Kaiser als Bordellwirt, ist es endgültig um die moralische Autorität der Obrigkeit geschehen. Einmal mehr treibt die Mentalität den historischen Prozeß zum Ende. Die Torschlußpanik erlaubt alles, und der Zerfall der Ordnung, den sie erzeugt, beschleunigt den Untergang.

*

In einer Welt sündiger Verschwendung regen sich asketische Gegenbewegungen. Um das Unheil noch abzuwenden, proklamieren sie eine neue Bescheidenheit. Nichts anderes taten Ketzer und neue Orden, als sie gegen die Verweltlichung des Klerus und die Pracht der Klöster opponierten. In der Provinz gründeten sie neue Orden oder Sekten, kehrten der Stadt den Rücken, um auf dem Lande autarke Gemeinschaften zu bilden. Steht jedoch das Ende kurz bevor, kann sich die Weltflucht zur Selbstzüchtigung auswachsen. Im Jahre 1260, Joachims Jahr der Apokalypse, traten in Italien, das von Hungersnot, Pest und dem endlosen Krieg zwischen Guelfen und Ghibellinen gezeichnet war, die ersten Geißlerzüge auf. Ein Jahr später überschritten die Flagellanten die Alpen, um in den Folgejahren Böhmen,

Deutschland und die Niederlande zu durchstreifen. Die Massenhysterie der Büßer ergriff alle Schichten, auch den örtlichen Klerus. Wer sich dem Zug anschloß, unterwarf sich der rituellen Peitschung auf den städtischen Plätzen, verpflichtete sich zur Beichte beim jeweiligen Anführer sowie zur Zahlung seiner Schulden. Mit der Imitation der Passion Christi suchten sie, kurz vor dem Jüngsten Tag ihr moralisches Punktekonto aufzubessern. Radikale Askese endet in Selbstzerstörung. Mit bußfertiger Selbstgeißelung oder der Imitation der Passion können heutige Zeitgenossen nur wenig anfangen. Sie fürchten zwar die ökologische Katastrophe, doch sie bequemen sich allenfalls zu frugaler Diät, mobiler Bescheidenheit oder zeitweiligem Bewegungsverzicht durch rituelle Anklebung der Hände an Straßenasphalt, Autos oder Museumsbildern.

Wie sich die Handlungshemmung der Dekadenz in Endzeiten zur Apathie steigert, so jagt die panische Angst zur direkten Aktion. Aufruhr, Zertrümmerung des Alten und totale Revolte kennzeichnen das andere Extrem apokalyptischer Reaktionen. Während die Apathie im Schweigen verzagt oder durch Schweigen gegen die Geschwätzigkeit des Alltags protestiert, greift der Aktionismus zu grellen Farben und bizarren Formen und Tönen. „Viel Schreien ist besser als sehr klug sein", heißt es 1926 bei Arnolt Bronnen, nachdem sich die expressionistische Revolte schon verlaufen hatte. Gemeint ist nicht der gellende Angstschrei vor der Übermacht der Natur oder des Schicksals, der die Kunst des 19. Jahrhunderts bis zu Edvard Munch durchzogen hatte; es ist auch nicht der Schrei des Widerstands gegen die Marter des Krieges, den Julio Gonzales in der Figur der Montserrat, dem Symbol des katalanischen Kampfs gegen den Faschismus, gebannt hat. Es ist der Schrei der Provokation, des Aufruhrs, nicht des Leidens. Die Solidarität mit den Opfern schlägt im endzeitlichen Aktivismus um in den Kult des Außenseiters, Wilden, Archaischen. Die innerweltlich Verdammten, die Ausgestoßenen, Irren, Mörder, Dirnen, die sexuell Desorientierten avancieren zu Rebellen wider die soziale Hölle. Seit jeher galt der Verbrecher dem konvertierten Bürger, der Bildung und Besitz aufkündigte, als Rächer und Märtyrer des vierten Standes. War es zu Beginn der bürgerlichen Gesellschaft noch der „edle Wilde“, der als ideale Kontrastfigur zur Zivilisation verehrt wurde, huldigt später das endzeitlich gestimmte Bürgertum dem wilden Wilden, der exotischen Kraft, dem ursprünglichen Raubtier im Menschen.

In dem Maße, wie sich die Krankheits- und Normalitätsbegriffe auflösen, wittern manche im Wahnsinn die wahre Welt. Andere greifen direkt zur Gewalt. Wenn nur noch wenig Zeit bleibt, muß der Lauf der Dinge mit aller Härte korrigiert werden. Endzeiten legitimieren den Ausnahmezustand und den Willen zur direkten Aktion. Wie alle Revolutionäre möchte die Apokalypse vom Punkt Null an mit der neuen Zeitrechnung beginnen. Für endzeitlichen Aktivismus sind Regeln und Konventionen nur hinderlich. Allein die Propaganda der Tat vermag die Menschheit noch zu erwecken. In solchen Zeiten drohen neue Reiche, stereotype Feindbilder und soziale Verfolgung. Die Apokalypse spaltet die Gesellschaft. Die Auserwählten, die neue Elite, welche allein das nahe Unheil erkannt hat und die neue Ordnung erschaffen wird, stellen sich gegen die Ausgeschlossenen. Auf die Heere Satans werden die Jäger angesetzt. Kriege gegen das Böse werden ausgerufen, Lynchaktionen gegen Fremde und Feinde. Um das Übel personell zurechnen zu können, greifen Diffamierung und Hexenjagden um sich. In mittelalterlichen Spätzeiten zielte die Hetzjagd auf Juden und Hexen, zur Zeit des Ancien régime erklärten die Bürgerbünde König und Hofadel zu Unmenschen oder Nichtmenschen, später gerieten Bürger und Militärs, die den Krieg zu verantworten hatten, zu dickbäuchigen Pavianen, zigarrenschmauchenden Spanferkeln oder wolfsköpfigen Pastoren. Das Bestiarium der Beamten, Bonzen, Spießer und Philister, das in der Satire auftritt, steht in bedenklicher Nähe zur alten Vertierung des Gegners. Mit bürokratischer Gründlichkeit trieb schließlich das bisher letzte Reich, das aus der Endzeit der Mittelklassen seine Gefolgschaft rekrutierte, die Minderheiten in die Lager. Zu den geistigen Wurzeln von Tyrannis und Terror gehört auch die Apokalypse.

Endzeiten spielen sich stets zu historischen Ausnahmen auf. Doch kaum eine Zeit kennt keine Endzeit. Gewinnt indes die Apokalypse die Oberhand, bedroht sie auf Erden die kleinen Fortschritte, die Geschichten einbringen können. Freilich entgeht ihr, daß sie oftmals jener Barbarei erst zum Durchbruch verhilft, gegen die sie protestiert.

Der kosmische Untergang indes wird in ein paar Jahren tatsächlich das Ende des gesamten Universums bedeuten. Am großen Wärmetod wird der Kosmos zugrunde gehen. Unaufhaltsam steuert die Welt der Leere und Finsternis zu. Die Sterne brennen aus, die schwarzen Löcher verdampfen. Immer weiter driften die Galaxien auseinander, bis schließlich ein Zustand erreicht ist, in dem nichts mehr geschieht und die Zeit verschwunden ist. Jeder Organismus, der noch am Leben sein sollte, ist für immer dazu verurteilt, das Leben, das er gerade lebt und gelebt hat, noch einmal unzählige Male zu leben. Es wird nichts Neues hinzukommen. Jeder Schmerz, jeder Gedanke, jeder Seufzer, alles wird in derselben Reihenfolge wiederkehren, die Spinne an der Decke, der Windhauch am offenen Fenster, der Geschmack der Zahnpasta. Immer wieder wird die Sanduhr umgedreht, jedes Stäubchen rieselt erneut hinab, bis in alle Ewigkeit.

Die Stadt unter der Erde.
Streifzüge durch die Unterwelt

Zwischen grünlich schimmernden Eisengirlanden öffnet sich ein hell erleuchteter Schlund. Am Eingang hockt zusammengekauert der alte Mann, die dürren Beine eng an die Brust gezogen, eingehüllt in einen verräucherten, dreckverklebten Mantel. Gleichmütig zieht er seine Mundharmonika aus der Seitentasche, schiebt sie zwischen die Lippen und beginnt leise zu spielen. Lustlos noch klingen die ersten Töne, er setzt erneut an, wiederholt stockend das Motiv, findet endlich die Melodie, singt nun erleichtert das muntere Tanzlied. Wie von einem unsichtbaren Magneten angezogen, eilen die Menschen herbei, Männer wie Frauen, Reiche und Arme, Alte und Junge, ein nicht enden wollender Strom zieht an dem Torwächter vorüber. Immer heftiger, immer lauter, schneidender kreischt der Walzer, fährt dem Alten in die Glieder. Plötzlich überkommen ihn seltsam ekstatische Zuckungen, das Stakkato verrenkt ihm Arme und Beine, durchschüttelt seinen Rumpf, verzerrt ihm das Gesicht. Nur einmal huscht ein amüsiertes Grinsen über die Fratze des Spielmanns, als jemand hastig, ohne ihn anzublicken, ein Geldstück in den Hut wirft und eilfertig den Fuß auf die Rolltreppe setzt, die ihn hinab in die Tiefe trägt.

Ein kühler Wind weht von unten herauf. Stumm gleiten die Reisenden hinab, regungslos, wie zu Statuen erstarrt, bis am Fuß der Transportmaschine, viele Stockwerke tief, unversehens Bewegung in die Menge kommt. Als gäbe ihnen der feste Betonboden endlich Sicherheit, stürzen sie voran, verlaufen sich in den niedrigen, hellgelb gekachelten Röhren, die am Ende alle in den prunkvollen Marmorsaal münden. Zweiundsiebzig achteckige Pfeiler tragen die schwere Last des Tonnengewölbes, gliedern eine mächtige Arkadenhalle, die in flimmerndem Glanz erstrahlt. Riesige Kristallüster erleuchten den Raum, an der Schalendecke glitzert exotischer Marmor wie Perlmutt. An den Seiten ranken sich in strenger Symmetrie üppige, klobige Blattreliefs aus weißem Stuck. In dem unterirdischen Palast ist die Natur zur barocken Dekoration versteinert. Siebzig Meter unter der Erde liegt die Empfangsstation für die Pendler, die hier, mitten im Untergrund Moskaus, auf den nächsten Zug warten.

Nachdem die Stadt die Landflächen überwuchert und ihre Hochbauten bis zu den Wolken hinaufgetrieben hat, bleibt ihr als letztes Expansionsgebiet nur noch das Innere der Erde. Unter den sichtbaren Häusern und Straßen erstreckt sich ein verborgenes Stadtnetz, das System der elektrischen Kraftlinien und Kabelstränge, der Wasserleitungen und Verkehrsströme. Ohne dieses unsichtbare technische Gerüst wäre die Stadt auf der Oberfläche weder lebensfähig noch funktionstüchtig. Metropolis würde in ihrem Pfuhl ersticken, wären auf einmal alle Abwasserkanäle verstopft. Krachend blockierte das Räderwerk der Stadtmaschine, falls unerwartet die Energieströme versiegten; und die öffentlichen Plätze würden von Menschen überquellen, wenn auf einmal alle Verkehrsmittel unter Tage ausfielen. Das Herz des Molochs schlägt in der Tiefe, pulsierend sorgt es für Zufuhr und Abfluß, schwemmt Informationen und Arbeitskräfte heran, betreibt die Geräte und Motoren, saugt die Abfälle der Menschen an und die Exkremente der Industrie. Während die Überbauten unverrückt an ihren Plätzen bleiben, herrscht unten permanente Bewegung. In den Kabeln jagen sich die Impulse, in den Röhren strömt das Gas, durch die Tunnel rasen die Fahrzeuge und laufen die Menschen. Und dennoch kennt auch die Unterstadt Räume, welche die Zeit überdauern, konstante Knotenpunkte im Netzwerk, Stationen des Wartens, Arbeitens und Lebens, Orte einer untergründigen Kulturgeschichte.

*

Ungläubig bestaunen am frühen Morgen die Reisenden den ungeheuren, doppelköpfigen Punk, der furchterregend von dem neuen Filmplakat herabstiert. Wenige Schritte weiter schüttelt ein stierköpfiger Riese drohend die Fäuste, daneben schlüpft ein mannsgroßes gallisches Hühnchen aus den zerberstenden Eierschalen. Costa, der Sprayer der Pariser Metro, hat in der Nacht die Station Rambuteau in der Nähe der Hallen heimgesucht und die frisch verklebten Werbeflächen mit seinen gigantischen Figuren übersprüht, Niemand weiß, wie er des Nachts in die Metro gelangt ist. Anders als die Kids in New York, die die schäbigen Waggons der Subway mit ihren phantastischen Graffitis bekritzeln, meidet er die Abstellgleise im Freien; spätabends schleicht er sich in ein Versteck, um im nächtlichen Halbdunkel seine wildfarbenen Karikaturen der Gewalt zu erfinden. "Die Großen fressen die Kleinen", ist seine schlichte Botschaft; jedermann kennt ihn, doch keiner hat ihn je gesehen, seine Spraybilder sind ebenso flüchtig wie seine Existenz. Denn kaum hat die Metroverwaltung das Kunstwerk entdeckt, werden die so gräßlich verschmierten Plakate von neuem überklebt.

Länger überleben die Kunstwerke im Untergrund, die zum Ruhme des Staates angefertigt werden. Als Josef Stalin in den dreißiger Jahren das neue Moskau planen ließ, gab er den Ingenieuren nicht nur den Auftrag, ein leistungsfähiges Verkehrsnetz für die Werktätigen zu konstruieren. Zur Huldigung des realsozialistischen Aufbaus wurden die Metrostationen mit kostbarsten Materialien ausgeschmückt: Onyx, Porphyr und roter Granit, weißrosa Marmor aus dem Ural und blaugrauer Labradorit. Bronzeskulpturen erinnern an den Roten Oktober, muskulöse Bäuerinnen inmitten wogender Kornfelder mahnen zu kraftvoller Arbeit, und am Friedensplatz verheißt die Hinterglasmalerei das künftige Paradies: den botanischen Garten Eden. Die Moskauer Metro ist ein populäres Museum verstaatlichten Trivialkitsches, ein manieristischer Zitatenschatz vormoderner Stile, ein pathetisches Gemisch von Allegorien, Propaganda, Heroismus und leerer Utopie.

Wenn in Kriegszeiten Bomben die Stadt zertrümmern, flüchten die Einwohner in die schützenden Höhlen unter Tage. Am 6. November 1941, dem Feiertag der Revolution, verlegte Stalin das traditionelle Festbankett in die Metrostation Majakowskaja, deren rostfreie Stahl-säulen

unerschütterlich den Kanonen der deutschen Belagerer
standhielten. Im selben Jahr durchstreifte Henry Moore
die Schächte der Londoner U-Bahn, um in seinen Skiz-
zenbüchern das Überleben im Bunker festzuhalten. In
endloser Reihe liegen die Menschen nebeneinander in
den mütterlichen Höhlen; zu weißfahlen Körpern ver-
blaßt, harren sie erschöpft aus. Mitten im 20. Jahrhundert
sind die Stadtbewohner zu den Zufluchtsorten der Früh-
zeit zurückgekehrt. Nur wenige Jahre zuvor hatte Moore
die prähistorischen Höhlen in den Pyrenäen besucht.

Wenn die Apokalypse naht, graben sich die Menschen
ein, um der Katastrophe zu entgehen. Zwischen dem 6.
und 10. Jahrhundert legten die von den Arabern bedrohten Christengemeinden Kappadokiens die unterirdischen
Städte Kaymakli und Derinkuyu an, regelrechte Erdar-
chen in Tuffstein für 15.000 Flüchtlinge, mit Wohnräu-
men und Schlafstätten, Kapellen und, im zehnten Stockwerk unter Tage, kühlende Weinkeller. Rückten die Angreifer heran, verschloß man die Gänge mit gewaltigen
Mühlsteinen und wartete, bis das Unheil abzog. In den
sechziger Jahren des 20. Jahrhunderts unterhöhlten die
Chinesen das oberirdische Peking mit einem Labyrinth
von Bunkern, das die Bevölkerung bei dem unvermeidlichen Atomschlag der Sowjets in wenigen Minuten auf-
nehmen sollte. Präzise spiegelt das Tunnelnetz den Stadtplan auf der Oberfläche wider; die Korridore tragen, damit sich niemand verläuft, dieselben Namen wie die
Straßen, unter den Geschäften liegen wiederum Geschäfte, unter den Hospitälern Kranken- und Operationssäle.
Ausgestattet ist die unsichtbare Stadt mit Telephonen,

Radios, Wasserpumpen, Entgiftungsfiltern und Abwasserkanälen, alles technische Errungenschaften der modernen Stadtzivilisation, die auf der Etage darüber keineswegs selbstverständlich sind.

Unter Tage könnte das Leben gesünder und bequemer sein, Ventilatoren sorgten beständig für saubere Frischluft, die Erde spendete behagliche Wärme, die gefrorene Fauna auf der Oberfläche böte Nahrung in Hülle und Fülle, Karbid- und Magnesiumlampen vertrieben endgültig die Finsternis. Nur den weiten Blick hinauf, auf den Lauf der Gestirne, müßten die Höhlenmenschen entbehren. Immerhin haben die chinesischen Ingenieure nicht vergessen, an den Hallendecken des Palastes, der dem Zentralstab vorbehalten ist, hunderte elektrischer Lampen anzubringen, die den Stand der Fixsterne wiedergeben.

Früher, vor der Entdeckung der Elektrizität, bestrahlten noch grelle Gaskränze das düstere Gewölbe des unterirdischen Tempelpalastes. Ringsum, auf den Rängen, ha-

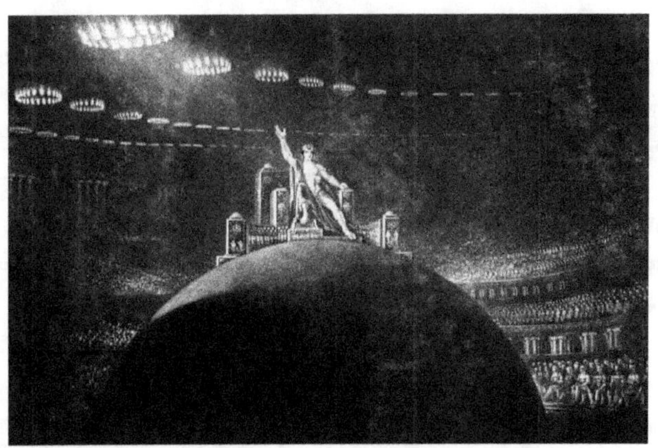

ben die herausgeputzten Festgäste Platz genommen und starren auf das Schauspiel in der Mitte des Rundbaus. Dort thront auf der gußeisernen Erdkugel der König der Unterwelt, verkündet mit großartiger Geste seine nahe Rückkehr ins verlorene Paradies. Für den englischen Romantiker John Martin, von dem diese apokalyptische Vision stammt, war Satans Reich durchaus von dieser Welt. Schon als Kind hörte er von den Grubenkatastrophen im Kohlenrevier von Newcastle, später ersann er mancherlei Pläne für die Belüftung der Gruben und die Kanalisation Londons. 1827 besuchte er das Festmahl in dem neuen Tunnel unter der Themse, mit dem die feine Gesellschaft den Fortschritt feierte. Die Hölle, das ist in der Neuzeit nicht mehr der Strafort der ewig Verdammten, dessen Eingang an einem abgelegenen Waldhügel liegt, die Hölle, das ist das Universum der Industriestadt, der Feueressen, Hochöfen und Fabrikschlote, der Kanäle und Tunnels - und der Arbeitsqual in den Bergwerken unter der Stadt.

*

Durch die Gitterstäbe dringt das Dunkel des Schachtes, gelassen stehen die Männer in Gruppen beieinander, die Elektriker in den Blaumännern, die Gesteins- und Kohlenhauer in ihrer schwarzen, die beiden Steiger in der weißen Montur. Ab und zu rast ein flackernder Scheinwerfer vorbei, pfeilschnell saust der Förderkorb an dem Stahlseil hinab. Am Füllort unten wartet schon der Zug, ein schwülheißer Wind fegt durch den Stollen, 600 Meter unter der Stadt beträgt die Temperatur 31 Grad. Ein

100

Schlepper knüpft noch rasch seinen Schal fester, bevor er zu den anderen in die Kabine kriecht. Eine halbe Stunde dauert die Zugfahrt im Halbschlaf. An der Liftstation greift sich jeder einen Bügel, klinkt ihn oben in den laufenden Seilzug ein, schwingt sich behende auf den Sitzsteg und schaukelt gemächlich seinem Vordermann hinterher. Vorbei an ausgekohlten Hohlräumen, an eingebrochenen Stollen, verrosteten Förderwagen und zerdrückten Stempeln geht die Schwebefahrt. In dem dunklen Loch einer Querstrecke sieht man in der Ferne die wandernden Lichter der Helmleuchten, der Zielpunkt rückt näher. Noch einige Schritte, schon schreit der Steiger gegen das Kreischen der Schrämmaschine an. Wie eine riesige Kreissäge schneidet das Ungetüm die Kohle aus dem Berg, mechanisch laufen die Männer zu ihren Plätzen. Acht Stunden werden sie hier zubringen, das Getöse der Maschine mit ihren Preßlufthämmern überdröhnen, die schweren Lasthunte voller Kohle an die Zugmaschine schieben, die Eisenstempel herbeischaffen, damit die nächste Schicht den Streb abstützen kann.

Nur in den engen Streb ganz hinten werden sie nicht mehr hineinkriechen müssen. Dafür hat die Direktion versuchsweise Zwerge eingestellt. Vor der Industrialisierung trieben die Erdbewohner Stollen in die Berge, um Salz, Erz, Gold und Edelsteine zutage zu fördern. Die moderne Technik des Tiefbaus erlaubt es ihnen, senkrechte Schächte anzulegen und direkt unter den Wohnsitzen die Erde auszubeuten. Seitdem ist die Unterstadt ein Ort lebenslanger Plackerei. Doch der Abbau des Schwarzen Goldes, auf den die Oberstadt ihren Reichtum gründet, ist ganz und gar destruktiv. Man holt die Schätze der Erdgeschichte ans Tageslicht und läßt die Unterwelt veröden, Was man einmal heraufgezogen hat, ist nie mehr zu ersetzen, es wird verheizt, als Kraftquelle verbraucht, in flüchtige Energie verwandelt, bis die Geldader erschöpft ist, die Stollen zusammenbrechen und die Zeche geschlossen wird. Dann sind die Arbeitskräfte dazu verdammt, weiter oben ihr Auskommen zu suchen.

Nur wenige Meter von den Röhren der Stadtbahn entfernt, gehen vermummte Gestalten ihrer Arbeit nach. Ausgerüstet mit kniehohen Schaftstiefeln, Hosen aus Segeltuch und Handschuhen, die bis über den Ellbogen reichen, stapfen die Kanalfischer durch die brackigen, knöcheltiefen Rinnen der Abwasserkanäle. Helme mit langem Nackenschild schützen den Kopf vor den klumpigen Moosfladen und plötzlich herabstürzenden Ziegelbrocken. Mit langen Lanzen, an deren Ende eine Stahlspitze befestigt ist, durchharken diese Glücksritter der Unterwelt den zähglitischigen Schlamm nach den Abfällen der Oberstadt. Wahre Schätze findet man hier: goldene Armreifen, Silberbestecke, Bronzemedaillen und hier und da die spärlichen Überreste kleiner Katzen, die sich in den Kanälen verirrt haben, säuberlich abgenagte Skelette ohne Fell.

Obwohl das Gesetz es verbietet, gehören der Gilde der Kanaljäger, der "thosers", wie man sie im 19. Jahrhundert in London getauft hatte, zwei- bis dreihundert Männer an. Tag für Tag steigen sie in die Nacht der Kanäle hinab, um sich hier den Lebensunterhalt zu verdienen, den ihnen die Oberstadt versagt. Mit einem Wochenverdienst von zwei Pfund zählt man sie zur Aristokratie der Unterschicht. Obwohl sie Einzelgänger sind, gibt es eine unausgesprochene Arbeitsteilung. Wer auf der Jagd nach wertvollem Abfall etwas findet, womit er nichts anfangen kann, legt es für den Nächsten zur Seite. In der Regel kennen jedoch die Jäger ihre Reviere und Fundorte, die rutschigen Schleichpfade und die Fluchtwege, auf denen ein Fehltritt den sicheren Tod bedeutet. Nur die Springflut kann sie noch überraschen, wenn jemand irgendwo eine Schleuse öffnet, um die Gräben zu spülen. Wer dann nicht rechtzeitig die erhöhten Plattformen erreicht, die in die Nischen der Hauptkanäle eingelassen sind, ertrinkt unweigerlich in der kotigen Brühe.

Von Zeit zu Zeit, wenn das Glucksern des Schmutzwassers in ein leises Rieseln übergeht, hört man hinter dem Mauerwerk das Scharren kleiner Krallen. Unbemerkt überwachen Spähtrupps jeden Schritt des Eindringlings und melden ihn umgehend ihren Kommandoführern. Überall lauern die Wächter, ziehen sich unauffällig hinter die nächste Biegung zurück, wenn sich jemand ihrem Gebiet nähert. Sie sind straff organisiert, ihr Alarmsystem ist ebenso perfekt wie ihre Logistik. An der Spitze entscheidet der Ältestenrat des Königs über den strategischen Generalplan, an den Fronten operieren die Kommandanten selbständig nach der jeweiligen Lage. Meistens respektieren jedoch die Kanaljäger den stillen Vertrag mit den Herren der Kanalisation, meiden vor al-

lem die ausgetrockneten Seitenkanäle, aus denen bislang
noch niemand zurückgekehrt ist.

Solange keiner die Gesetze des Untergrunds bricht, ver-
zichten die Ratten auf die Attacke. Doch in die Enge ge-
trieben, schleudern sie sich zu Dutzenden nach dem
nackten Gesicht des Aggressors, verbeißen sich in Bei-
nen, Schultern und Nacken, reißen ihm den Kehlkopf
heraus. Der geballten Wucht des Rudels ist der Einzelgänger kaum gewachsen. Hier unten erreichen die Ratten
nicht selten die Größe kleiner Katzen, und bricht erst die
braune Flut flinker, zähnebleckender Bestien über den
Eindringling herein, ist er verloren.

Mittlerweile verlassen die Ratten nur selten noch ihre
unterirdischen Quartiere, in die sie der Mensch vertrieben hat. Da die städtische Obrigkeit zum Schutz der
Bürger eine Nachrichtensperre verhängt hat, hört man
nur per Gerücht von den unerklärlichen Vorkommnis-
sen, von plötzlich ausbrechenden Bränden und Über-
schwemmungen, explodierten Gasleitungen, lahmgeleg-
ten Großrechnern oder von Leichen, die aus ihren frischen Gräbern verschwunden sind. Vorzeiten hatte noch
eine erbitterter Kampf zwischen dem Rattenvolk und
den Stadtbewohnern geherrscht. Vom 14. bis ins 18.
Jahrhundert verbreitete die schwarze Hausratte, die über
Tage, in den Strohdächern und Speichern ihr Domizil
hatte, den Schwarzen Tod in Europas Städten. Daß die
moderne Zeit von der Pest weitgehend verschont geblieben ist, verdankt sie keineswegs nur ihrer hygienischen
Zivilisation. Im Lauf der Jahrhunderte verdrängte näm-

lich die braune Wanderratte ihre kleineren, flohverseuchten Artgenossen, um endlich in der Unterwelt von Metropolis Zuflucht vor der bürgerlichen Verfolgung zu finden.

*

In befremdlicher Weise gleicht der Kampf gegen die Ratte der sozialen Befriedung der städtischen Unterschichten. Man muß die Wege absperren, die Ausgänge und Löcher zustopfen, dunkle Ecken und Winkel ausräuchern und die Gräben und Senkgruben austrocknen, um der Ratte Herr zu werden. Und um den penetranten Gestank der Armut auszutilgen, schließt die Sittenpolizei die Elenden in Asyle und Arbeitshäuser ein, verriegelt die Ghettos, räumt die Keller und Wohnhöhlen, beseitigt die feuchten Innenhöfe und Gemeinschaftsaborte, diese Orte dunkler Geselligkeit und Promiskuität. Während der Julimonarchie inspizierten die besorgten Hüter der Hygiene die Pariser Kloaken mit derselben gründlichen Wachsamkeit wie die Unterkünfte des gemeinen Volkes. Unterstadt, das ist nicht nur die Stadt unter der Erde, die Stadt der Kanäle, Stollen und Prachtpaläste; Unterstadt, das ist auch die Stadt der Unterklassen, der Lumpenproletarier, Bettler und Huren, der Vagabunden, Anarchisten und Zuchthausbrüder.

Regelmäßig durchstöbert die Patrouille das schwarze Viertel im Osten. Dort starren die winkligen Gassen vor Schmutz und Unrat, die wenigen Lichtpunkte der Gaslaternen schaffen nachts kaum mehr als ein sichtbares Dunkel. Eine schmale Treppe führt zum Keller hinunter,

plötzlich schrillt eine Alarmglocke auf, ein Wachmann
hat arglos eine Stufe betreten, die Ortskundige sorgsam
überspringen. Ungerührt sitzen die Stammgäste an den
Holztischen in der verqualmten Spelunke. Blauwässrige
Augenpaare grinsen die Eindringlinge an, man sieht auf-
fallend viele Zahnlücken, hin und wieder auch zerrissene
Ohrläppchen oder Narben von Messerstichen. Obwohl
es eine geschlossene Männergesellschaft ist, die sich hier
jeden Abend vor der Arbeit versammelt, sind die Gäste
merkwürdig aufgeputzt, zeigen sogar Schick und Eleganz. Alle sind sorgfältig glattrasiert, haben die öligen
Haarsträhnen aus der Stirn gekämmt, manche tragen ko-
kett sitzenden Röcke, meist in der dunkelblauen Farbe
seriöser Bankiers, dazu eine grellbunte Krawatte mit der
unvermeidlichen Goldnadel. Geduldig lassen sie die Lei-
besvisitation über sich ergehen, streifen, ohne zu murren,
die weißen Gamaschen ab und entleeren die Hosenta-
schen: ein paar Markstücke, eine billige Blechkette ohne
Uhr, ein schmales Oktavheft mit anzüglichen Gedichten,
das ist die ganze Ausbeute. In der Halbwelt gilt das Gesetz, den Rivalen mit Reichtum zu blenden, auch wenn
man nichts in der Tasche hat.

Um sich den lästigen Razzien der Polizei zu entziehen,
hat sich das Syndikat unterdessen tiefer in die Erde ein-
gegraben. Die Szenerie der Kaschemmen, der Kellerge-
wölbe und Falltüren gehört der romantischen Zeit kleiner
Gauner und Zuhälter an, als abenteuerlustige Grafen die
Geheimnisse der Stadt zu ergründen suchten. Vor einiger
Zeit jedoch entdeckten Carabinieri und Fallschirmjäger
in Palermo die geheime Stadt der Mafia, ein kilometer-

weit verzweigtes Netz unterirdischer Gänge, Schlupf-
winkel und Lagerräume, das die Firma in dem weichen
Tuffstein angelegt hatte. Man fand zahlreiche Waffen,
Funksprechgeräte, vier Tonnen Sprengstoff, Schmug-
gelware und Rauschgift. Kleine Nischen mit Schlafstel-
len dienten untergetauchten Mafiosi als sichere Herber-
ge, von den komfortablen Felsensitzen des kreisrunden
Sitzungssaales aus dirigierten die Chefs die Geschicke
der Oberstadt. Daß der Untergrund mehr Sicherheit bie-
tet als das Tageslicht, haben freilich auch die Justizbe-
hörden rasch begriffen. Am Rande von Palermo ließen
sie ein mächtiges Bunkersystem errichten, in dem die
Geschworenen über die 400 Angeklagten zu Gericht sitzen sollten.

*

Nach dem Prozeß, wenn das Urteil gefällt ist, werden die
Verbrecher in unterirdische Kerkerpaläste gebracht. Mitten in der vielstöckigen Halle steht ein schlanker Säulen-
turm, um den sich eine Treppenspirale windet. Sie führt
hinauf zum Konsolgesims des Turms, auf dem sich mehrere Holzstege kreuzen. Dahinter, an der Wand, tauchen
im Zwielicht die hohen Bögen eines Aquäduktes auf.
Auf der ausgesetzten Brüstung hasten winzige, sche-
menhafte Figuren hinüber zum Wachturm. Soeben läßt
jemand eine Zugbrücke herab, ein Geschoß tiefer läuft
ein hölzerner Steg mitten durch den schlanken Schaft
des Treppenturms. Vom nackten Dachgestühl hängt eine
Seilwinde herab, Kettengirlanden umspielen die wuchtigen Quader des Mauerwerks. Lastgalgen, Hebebalken

und Zugräder sind mit eisernen Stacheln und Widerha-
ken gespickt, unten macht sich, neben der Geißelsäule,
jemand an dem Nagelkissen zu schaffen.

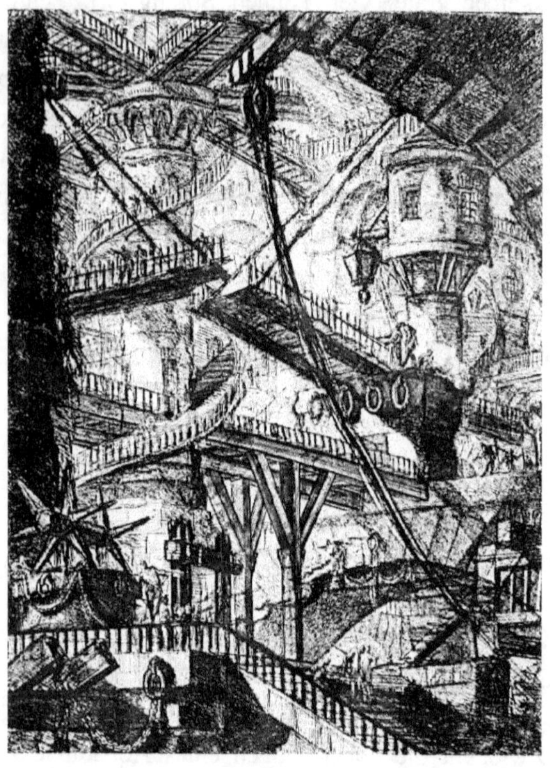

Die Kerker der Einbildungskraft, in die der veneziani-
sche Zeichner Giovanni Battista Piranesi in der Mitte des
18. Jahrhunderts geriet, sind Vexierräume des modernen
Albtraums, Sinnbilder einer unterirdischen Welt nach
der Zukunft. Nichts erinnert mehr an die engen Zellen in
der römischen Engelsburg, an die Bleikammern des Do-
genpalastes oder die berüchtigten Verliese der vatikani-

schen Inquisition. Die niedrigen, feuchten Löcher historischer Gefängnisse sind zu grandiosen, viele Etagen hohen Gewölben geweitet, zu einem imaginären Hallenturm, der himmelwärts in die Höhe strebt. Bis ins Unendliche reißen die Perspektiven auf, verheißen Fluchtwege aus der Innenwelt des Kerkers.

Doch das Unendliche ist lediglich die Wiederkehr des immer Gleichen. Jeder Durchblick öffnet nur ein neues Labyrinth von Durchblicken, die Leitern und Treppen, die hinauszuführen scheinen, enden an neuen Leitern und Treppen, die Aufgänge führen zu weiteren Aufgängen, verlieren sich in neuen Gefängsnistrakten. Selbst der öffentliche Marktplatz, dieser Mittelpunkt jeder Stadt, auf dem man draußen eine aufgeregt gestikulierende Menge zu sehen meint, ist nur eine Fata Morgana, ein Ort in der unterirdischen Traumwelt. Über dem bewölkten Himmel ist das Rundfenster vergittert.

Nirgendwo verriegeln Zellenstäbe oder schießwütige Wachposten den Weg nach draußen. Das monumentale Bauwerk selbst hat den alten Gegensatz von Außen und Innen, von Freiheit und Zwang ausgelöscht. Der Kerker ist gebaute Unendlichkeit, ein alles umfassender, alles einschließender Raum, der keinerlei Wirklichkeit außer sich duldet. Sein maßloser Architekt hat das Universum als absoluten Innenraum errichtet, als endlose Raumflucht, die keinen Ausweg läßt. Das hybride Ideal der menschlichen Kultur- und Baugeschichte, sich alle Welträume untertan zu machen, um für immer die Menschheit zu vereinen, hat in Piranesis Verliesen des Wahn-

sinns seinen gültigsten Ausdruck gefunden. Jede Grenze
ist beseitigt, Oben und Unten, Erde und Himmel sind zu
einem Kosmos verschmolzen. Aber wenn die Gebäude
die Welt umschließen, sich zu unübersehbaren fenster-
und türlosen Hallen ausdehnen, verliert auch der Abstieg
in die Unterwelt seinen Sinn und Reiz. Die synthetischen
Räume der modernen Stadt, die Galerien und Kristall-
paläste, die riesigen Wartehallen und Kathedralen des
Kommerzes haben die Hölle entzaubert. Abgeschirmt
vom Unbill des Klimas, von Wasser und Feuer nähren
sie die Illusion vollkommenen Schutzes - und totaler
Kontrolle. Halb über Tage, halb in der Erde umschnüren
sie eine Gesellschaft von Insassen.

Emsiges Treiben herrscht in den Verliesen. Rastlos rennen Menschen eine Treppe hinauf, die mitten im Raum
abbricht. Einige klettern eine Leiter empor, die weit oben
an eine vermauerte Öffnung anstößt, andere laufen auf
einer Holzbrücke hin und her, der an beiden Seiten die
Zugänge fehlen. Wie auf einer Ameisenbahn ziehen einzelne Gruppen zwischen den übermächtigen Baumassen
umher, passieren achtlos den Sklaven, der gerade an einem Gefangenen die Streckfolter vollstreckt. Von einer
Galerie in schwindelnder Höhe betrachten zappelnde
Gnome neugierig die schreienden Steinriesen, die an den
Pfahl gekettet sind. An einem Pfeiler hängen wulstige
Löwenköpfe mit Halterungsringen im Maul, die sich bei
näherem Zusehen als abgetrennte Menschenfratzen ent-
puppen. Während die Neuankömmlinge noch voller Panik nach Auswegen suchen, bewegen sich die alten Häft-
linge lautlos durch die Gewölbe, besuchen hin und wie-

der vertraute Gefährten einige Geschosse tiefer, übersehen teilnahmslos die allzu bekannten Schreckensszenen
hinter der Holzwand. Sie haben längst begriffen, daß sie
hier nur überleben können, wenn sie nichts mehr bemerken. Nichts erreicht sie mehr, weder von innen noch von
außen. Sie nehmen nichts wahr, um nicht reagieren zu
müssen.

Keiner der umherirrenden Schattengestalten denkt mehr
daran, die Arbeit wiederaufzunehmen. Zwischen den hastig errichteten Abgründen müßten noch verbindende
Holzstege eingezogen werden, den gedankenlos aufgetürmten Arkaden fehlen die stabilisierenden Verstrebungen, an den Balkonen hat man die Geländer vergessen,
noch immer ist der Turmbau unvollendet. Die unheildrohenden Marterwerkzeuge sind in Wahrheit Baugeräte. Das Schafott ist ein Baugerüst, der mit Nägeln gespickte Bock ist ein Brettschneider, die Seilwinde dient
als Flaschenzug. Der halbfertige Kerkerturm ist eine einzige Baustelle. Plötzlich ist die Zeit stehen geblieben,
vorsorglich hat man die Uhren entfernt. Zwischen Verfall und Vollendung ist die Geschichte der Menschen erstarrt. Nachdem sich die Sprachen verwirrt haben, irren
sie durch die unendlichen Katakomben des für immer
verschlossenen Turms.

Ruinen.
Eine Spurensuche

Aus den Pfeilern der Kirchenhalle wuchern blutrote Arme hervor. Vor dem Treppenaufgang kniet andächtig die junge Frau, den Kopf still zur Seite geneigt, die zierlichen, von den feuchten Riemen zerschnittenen Hände zu einem mutlosen Gebet gefaltet. Sie hat sich das derbe Leinenkleid selbst von der Schulter gestreift, um ihm die

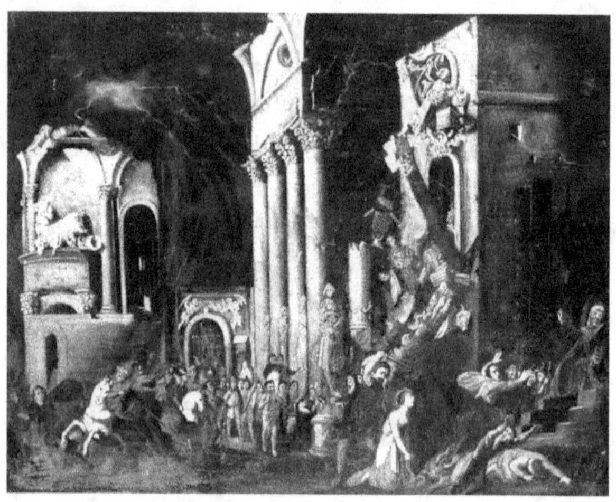

Arbeit zu erleichtern. Weich fällt ihr langes, kräftiges Haar den Rücken hinab, über die nackte Haut gleitet ein scharfer Lichtstrahl. Schon hat der Henker die Hemdsärmel aufgestülpt, mit beiden Fäusten den Schwertknauf umklammert, breit die Beine gespreizt, um besseren Stand zu haben. Sanft, fast zärtlich betastet sein Blick ihren Nacken, hier, die freie Stelle zwischen den Wirbeln, die Klinge hoch zum tödlichen Hieb - da fährt ein gel-

lender Aufschrei durch die Menge. Vom Gesims des
Rundturms torkelt der weiße Stier herunter, aus den
Häuserwänden brechen Säulen heraus, eine Kuppel zer-
platzt, Steinbrocken krachen herunter, zerborstene Kapitelle, zersplitterte Glieder, abgeschlagene Köpfe, ohren-
betäubendes Getöse überall, Kaskaden von wirbelndem
Staub. Hinten, am anderen Ende des Richtplatzes reißt es
die steinernen Musen von ihren Podesten. Und in der
Höhe, aus dem Dach des Palastes, züngeln bereits die ersten Flammen empor.

In dem Augenblick, da der Henker zum tödlichen Schlag
ausholt, stürzt die Welt ins Chaos zurück. Bis auf den
Bruchteil einer Sekunde hat Francois de Nomé, den die
Kunstgeschichte des Manierismus unter dem geheimnisvollen Namen Monsù Desiderio kennt, den Zeitpunkt
der Katastrophe markiert. Eine düstere, rätselhafte Szene: Ehe noch ein zorniger Gott die Freveltat rächen könnte, bersten plötzlich seine Altäre auseinander, entzünden
sich die Gebäude, werfen sich Säulen und Statuen zu
Boden. Eine natürliche Ursache ist nicht ersichtlich: nir-
gends ein Vulkanausbruch, ein Erdbeben oder Zyklon,
keine Detonation, auch keine Risse im Gemäuer, die den
Zusammenbruch ahnen ließen. Schlagartig, ohne jedes
Vorzeichen ist das geheime Band, das alle Elemente der
Welt zusammenhält, zerrissen. Die Kraft der Zerstörung
scheint in den Dingen selbst zu liegen.

Feinen Staub hat der Südwind in die verlassene Stadt
geweht. Unter einem Sandhügel liegt ein marmorner
Sarkophag verborgen. Unangreifbar ruht die wuchtige
Zwingburg, unbeschädigt auch die endlosen Reliefbän-

der an den Fassaden, auf denen sich seltsam beinweiße Figuren zusammendrängen. An der Spitze des Triumphzuges stößt jemand kraftvoll in die Posaune, dahinter der offene Vierspänner des Feldherrn, ein Trupp marschierender Legionäre, jubelnde, übermütig rufende Zuschauer im Freudentaumel, der Erzengel des Sieges - alle sind sie vom Tod gezeichnet. Es ist eine Prozession fäulnisbefallener Leiber, die da vorüberzieht, lepröse Kadaver, deren Gewänder kaum das aufgeplatzte Gedärm verhüllen. Fahrig, voller Panik sind ihre Gebärden, sinnlos ihre Jubelschreie. Wie Lemuren aus porösem Gestein wirken die Eroberer in der menschenleeren Stadt, ausgelassen, siegesgewiß ziehen sie dem Untergang entgegen. Am kaltblauen Himmel zeichnen sich die scharfen Zacken des zerschossenen Burgturms ab.

Nicht ohne Grund haben die Surrealisten in den Bildern des Monsù Desiderio die Albträume eines Zeitgenossen wiedererkannt. Es sind Phantasien des Unheils, abgründige Visionen der Endzeit. Die Menschen: zu Reliefs versteinert, Abdrücke im Marmor, von Geschwüren überdeckt; ihre Bauwerke, die Paläste, Kirchen und Burgen: verstümmelt, zerschmettert, in Stücke gerissen. Monsùs Malerei schildert die Welt im Augenblick des Einsturzes, der Explosion, des Ruins, sie protokolliert jenen kurzen Moment, in dem das Ende beginnt, in dem sich die Gebäude in Ruinen verwandeln.

*

Verfall und Zerstörung galten lange Zeit als selbstverständliche, geradezu natürliche Spätphasen jeder Architektur. Vom Beginn der Renaissance an, als Petrarca von den Diokletiansthermen aus die Trümmer des antiken Rom entdeckte, bis hin zum bürgerlichen Historismus des 19. Jahrhunderts umgab die Ruine eine eigentümliche Faszination. Sie reizte zu moralischen Meditationen über den Fortgang der Zeit, sie erinnerte an frühere Epochen zerronnener Größe und sie verhieß die Versöhnung mit der vergewaltigten Natur. Archäologen fanden in den ausgegrabenen Überresten die Spuren längst vergessener Kulturen wieder, Touristen aus dem Norden, die die lichte Märchenwelt von Rom, Pompeji, Paestum oder Syrakus aufgesucht hatten, trugen als Andenken die Veduten klassischer Ruinen nach Hause. Heemskerck, Codazzi, Panini und Claude Lorrain, Piranesi und Hubert Robert rückten das verfallene Bauwerk in den Mittelpunkt ihrer Bilder. Die Bühnen des barocken Trauerspiels möblierte man mit hölzernen Trümmerkulissen, gebauten Allegorien einer überreifen Naturgeschichte. Und in den verlassenen Kapellen und Burgen des englischen Schauerromans trieben allerlei Spukgestalten ihr Unwesen, Gewitterblitze, feuchte Gänge, versteckte Falltüren, Spinnweben im zerbröckelnden gotischen Maßwerk - die Ruine als Gespensterort.

Von alledem ist im Zeitalter des Stahlbetons wenig geblieben. In den modernen Städten sind Ruinen selten geworden. Weder als Monument der Vergänglichkeit noch als ästhetischer Raumkörper, weder als Bildungsstätte noch als Gefühlsobjekt haben sie noch Wert. Die Rationalität der Ökonomie hat auch die Ruine entzaubert. Nur wenn es Gewinn verspricht, läßt man das ver-

brauchte Gebäude verfallen, sonst ruft man die Bagger
und Abbruchkolonnen. Die Verwertung der Grundstük-
ke planiert die Erinnerungen, und sie beschleunigt den
Kreislauf von Abriß und Neubau. Daß dabei hin und
wieder, wenn vorzeitig die Mittel ausgehen, eine unvollendete Bauruine stehen bleibt, gehört nur zu den abseh-
baren Folgen der Spekulation.

Nicht einmal als Steinbruch taugen die verschlissenen
Materialien der modernen Architektur. Die Marmor- und
Tuffsteine des römischen Colosseums konnte man immerhin zu Kalk verbrennen und zum Neubau der päpst-
lichen Kirchen und Paläste verwenden. Beton, Glas und
Kunststoff hingegen hinterlassen monolithische Blöcke
und unförmige, eingeschmolzene Massen, gegen die nur
Preßlufthämmer und Sprengstoff ankommen. Sie über-
liefern kein filigranes Maßwerk, keine pittoresken Bögen
und Kanten, kein transparentes Gerüst, sondern nur
Schutt und Schrott.

Außer Kurs geraten ist überdies der frühere moralische
Wert der Ruine. Wie man die Heime der Alten und Toten an den Stadtrand verbannt, so schafft man auch, sieht
man von den wenigen Mahnmalen des Krieges einmal
ab, die architektonischen Zeugnisse der Hinfälligkeit eilfertig beiseite. Zeichen des Niedergangs vertragen sich
weder mit dem Elan des Neubeginns noch mit staatlich
verordnetem Optimismus. Wo man die Rückwende fei-
ert, wo man das Ancien Régime wiederherstellt, ist der
Zerfall verpönt. Statt dessen sucht man den Zustand vor
der Zerstörung: aufwendig rekonstruierte Opernhäuser in
Ost und West, schmucke, aufpolierte Fachwerkzeilen,

nagelneue Kaiserpfalzen und Ritterburgen - nicht Geschichte, sondern heile Vergangenheit ist das Leitbild der architektonischen und politischen Restauration.

Zur Verdrängung der Dekadenz stehen die koketten Ruinenzitate der postmodernen Avantgarde nur scheinbar im Widerspruch. Ein paar planmäßig herausgebrochene Quader wie an James Stirlings Staatsgalerie in Stuttgart, eine Ruinenplastik aus Pflastersteinen wie in Lucien Krolls Studentendorf im Süden Brüssels, die zackigen Bruchkanten und sorgfältig aufgeschichteten Ziegelhalden an einem Supermarkt in Houston, Texas, - solche bizarren Skulpturen sind nur dürftige Fragmente einer Ruine, synthetische Bruchstücke, schwarzer Humor bestenfalls. Zu offensichtlich ist das Datum ihrer Entstehung, zu augenfällig die Absicht, mit ruinösem Beiwerk das Gebäude verzieren zu wollen. Sobald der Steinbruch der historischen Stile ausgebeutet ist, bleibt den falschen Epigonen nur noch die alte Trümmerseligkeit. So verkommt auch die Ruine zum bloßen Ornament, zu einem leeren Zeichen. In der Gegenwart sind ihre verschütteten Bedeutungen mithin kaum mehr zu entdecken, eher noch findet man ihre Spuren in alten Bildern, in den unberührten Nischen des kollektiven Gedächtnisses oder in verborgenen Enklaven jenseits der Wirklichkeit.

*

„Was ist das, dort unten? Was für ein Park ist das, mit Alleen beschnittener Lindenbäume, mit Säulenhallen und Tempeln, im Geschmack Pompadour, mit Statuen von Satyrn und Nymphen aus der Schule Berninis, Tritonen

im Rokokostil inmitten gewundener Teiche, die von nied-
rigem Geländer aus verwittertem Marmor um-faßt sind?
Ist das nicht Versailles? Nein, Versailles ist es nicht. Ein
kleiner Palast, gleichfalls im Rokokostil, blickt hinter einer Gruppe krauser Eichen hervor. Der Mond, in Nebel
gehüllt, scheint düster herab, und ein äußerst feiner
Dunst scheint über die Erde gebreitet. Es kann das Auge
nicht unterscheiden, was es ist: ob Mondlicht oder Nebel? Dort auf einem Teich schlummert ein Schwan: sein
langer Rücken glänzt weiß wie gefrorner Steppenschnee,
und dort wiederum flimmern Leuchtwürmer brillanten-
gleich im bläulichen Schatten an den Fußgestellen der
Statuen."*

Wohin ist der Dichter Turgenjew geraten, in seinem
nächtlichen Traumritt auf den Schultern der weißen He-
xe? Nein, Versailles ist es nicht. Aus dem Teich hinter
der Moschee dringt das Stöhnen kleiner Unken herauf.
Am Ufer schleicht ein einsamer Kavalier entlang, bahnt
sich, Dreispitz und Degen in der Hand, einen Pfad durch
das dichte Gestrüpp. Er hat sich verspätet. In der Fel-
sengrotte unter der Ruine brennt schon die Kerze, unge-
duldig warten die Logenbrüder auf den Kurfürsten. Hat
ihn die schöne Galatea in der lauschigen Laubhöhle aufgehalten, der bocksfüßige Pan hinter dem Steinfelsen,
die schlafende Sphinx drüben im Naturtheater, an der
nachts niemand vorüberzugehen wagt? Er müßte doch
wissen, daß Hermes keine Versäumnisse duldet. Denn
ihm, dem ägyptischen Hermes Trismegistos, dem Gott
der Fruchtbarkeit und des Wissens, dem Künder gehei-
mer Weisheiten, ist die Ruine geweiht, bei der sich die

Freimaurer zu ihrer okkulten Zeremonie versammelt haben.

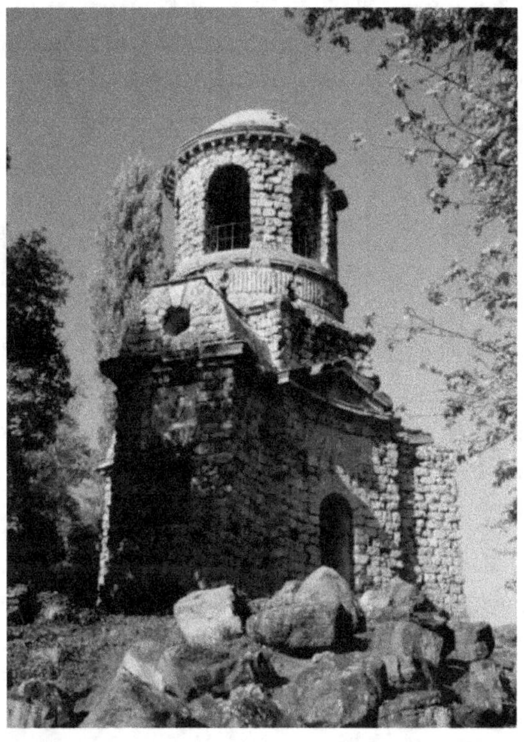

Im Park von Versailles wäre der subversive Kultdienst der Loge sofort aufgeflogen, aber hier, im Schloßgarten von Schwetzingen, gehört der pfälzische Kurfürst selbst zur Geheimgesellschaft. Geschützt vor den mißtrauischen Blicken des Hofstaates, versteckt sich die Tempelruine in einem entlegenen Winkel des englischen Gartens. Wie eine zerklüftete Steinpflanze wirkt der romanische Turm aus brüchigem Tuffstein. Er scheint, da ihm

das Fundament fehlt, direkt aus dem künstlich aufgeschichteten Felshügel hervorzuwachsen. Er fällt nicht in
sich zusammen, sinkt nicht zurück in den bergenden
Schoß, die Ruine wächst vielmehr, unmerklich zwar und
unmeßbar, aber im Leben eines Bauwerks zählen nicht
Tage und Wochen, sondern Jahre und Dekaden. Der Tempel des Hermes ist kein zeitloser Überrest der Vergangenheit, sondern ein Objekt in Bewegung, ein Organismus,
Teil jener ziellosen Naturgeschichte, die nur Übergänge,
Prozesse, keine Zustände kennt. Hermes ist nicht nur der
verschlagene Knabe mit der Hirtenflöte, der sich einst in
Arkadien versteckt hielt, er ist auch der Gott der flüchtigen Botschaften, der Passagen, der Überfahrt vom Dies-
seits ins Jenseits. Bevor man ihm die künstliche Ruine
zusprach, sollte an derselben Stelle eine Pyramide errichtet werden, ein Grabmonument auf einer Toteninsel.

Der Schwetzinger Schloßgarten ist eine einzigartige Enzyklopädie der Kulturgeschichte, ein grüner Schausaal
voller Kulissen und Attrappen. Außer dem Zentralbau
des Hermes ist ein hellenistischer Minervatempel ausge-
stellt, ein Monopteros des Apoll, ein Badehaus aus dem
Rokoko, ein Kuppelbau im englischen Stil, zahllose Statuen, müde Flußgötter, neckische Nymphen, Hirsche in
Stein, ein Wildschwein, von den Jagdhunden zerfleischt,
ägyptische Sphingen, barocke Putten: Die Gartenland-
schaft gleicht einem Welttheater, einem Naturmuseum
kurfürstlicher Sammelleidenschaft. Im dunklen Wasserspiegel vor dem Hermestempel glitzern die Minarette der
arabischen Moschee, am Nordufer des großen Sees führt
eine chinesische Holzbrücke hinüber in eine andere

Wunschlandschaft. Rom und Athen, Versailles, Mekka und Peking, Morgenland und Abendland fügen sich zu einem idyllischen Panorama, aus jeder Region ein Zitat, ein Souvenir, ein Bruchstück, als wollte man die ganze Menschheit an einem Ort vereinen. Über Räume und Zeiten hinweg hat der Baumeister die Fragmente zu einem einzigen, idealen Weltbild kombiniert, den Park in einen Treffpunkt der Weltgesellschaft verwandelt, wie es der Geheimlehre entspricht. Alle Epochen und Hemisphären sind gegenwärtig, gleichwertig, gleich nah bei Gott. Nur eine Kulisse sucht man in diesem lichten, arkadischen Universum vergebens: die der christlichen Kirche.

Wenige Meter jenseits der chinesischen Brücke beginnt die Campagna, die karge, schweigende Landschaft in der Umgebung Roms. Flimmernd streifen die Strahlen der Mittagssonne über die ausgebrannte Erde, kein Lufthauch bewegt die Wipfel der Pappeln und Platanen, träge, regungslos hocken die Vögel auf dem verdorrten Geäst. Es ist, als stünde die Zeit still, ewiger Mittag, gleißendes Licht. Aus dem weißlichen Dunstschleier taucht in der Ferne die Bogenlinie des zertrümmerten Aquäduktes auf. Er scheint noch in Gebrauch zu sein, stetig dringt das Klopfen der Wassermaschine herüber. Doch der Kanal auf den Bögen ist längst ausgetrocknet, Kiesel und Sand bedecken die offene Röhre. Vor der Rückwand des Kastells hat sich das kärgliche Rinnsal ein anderes Bett gesucht. Aber den Obelisk, neben dem einst der Rompilger in seinem weißen Mantel gesessen hatte, hat jemand wiederaufgerichtet.

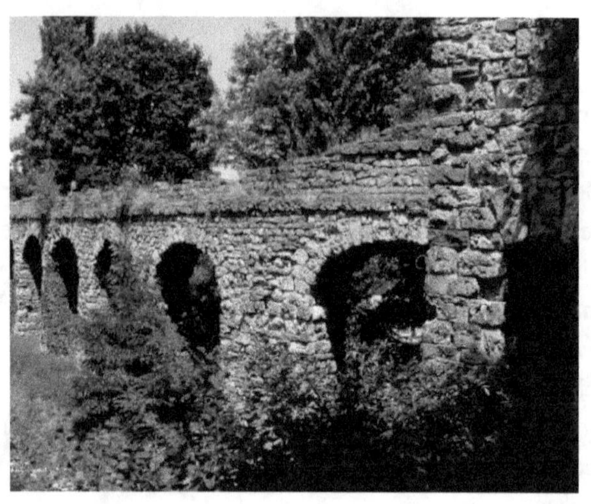

„Es gibt zwei Arten von Ruinen: die eine, ein Werk der Zeit - die andere ein Werk der Menschen. Die ersten haben nichts Abstoßendes, weil die Natur Hand in Hand mit den Jahren arbeitet: Schaffen die Jahre Trümmer, sät sie Blumen hinein; öffnen sie ein Grab, baut sie darin das Nest einer Taube: unausgesetzt damit beschäftigt, neues hervorzubringen, umgibt sie den Tod mit den süßesten Illusionen des Lebens. Die zweite Art Ruinen sind eher Verwüstungen als Ruinen; sie bieten einzig ein Bild des Nichts, ohne wiederherzustellende Kraft (...); im zweiten Fall wird etwas in die Luft gesprengt, im ersten stürzt etwas ein.“

Chateaubriand, der melancholische Bewunderer der Campagna Romana, ist nie in Schwetzingen gewesen. Weder die Invasion nordischer Barbaren hat hier den Aquädukt zerstört noch die Sprengkraft jahrelanger Vegetation. Er ist ein Werk von Menschenhand und doch kein wüster

Trümmerhaufen, ein Kunstwerk im Weltgarten, dessen ästhetischer Reiz auf einer optischen Täuschung beruht. Was wie das Ergebnis destruktiver Naturkräfte, wie die Rache der Zeit an den Gewalten des menschlichen Geistes aussieht, ist lediglich das Produkt eines Bauplans. Der Gartenarchitekt hat das Verfallsstadium so gewählt, daß die bekannte Form gewahrt bleibt und trotzdem ein Höchstmaß an Verwitterung zu erkennen ist. Seit 200 Jahren schon droht vom Scheitel eines Bogens augenblicklich ein lockerer Mauerstein herabzustürzen. Wer eine Ruine errichtet, fixiert einen Zeitpunkt, eine Zeitstelle zwischen Verfall und Vollendung, zwischen Nichtmehr und Nochnicht. Es ist diese Statik, diese Aufhebung des Zeitlaufs, der Geschichte, die der Ruine ihre ästhetische Einheit verleiht, sie zu einem zeitlosen Zeichen der Vergänglichkeit macht. Niemand anderer als der Fürst Pückler Muskau, der späte Vollender des englischen Landschaftsgartens, hat dieses Paradoxon der künstlichen Ruine genauer markiert: *„Es scheint fast, als ob diese Menschenwerke erst ihre Vollkommenheit erreichten, wenn die Natur sie wieder korrigiert hat, und doch ist es gut, wenn zuletzt der Mensch nochmals eingreift, in dem Zeitpunkt, wo die Natur anfängt, seine Spur gänzlich zu verwischen. Eine grandiose und wohlerhaltene Ruine ist darum das schönste Gebäude."*

In Arkardien bedarf die Ruine regelmäßiger Restauration. Der Tempel des Merkur ist zeitweilig wegen Baufälligkeit geschlossen. Das Wasserkastell hat man, wie den Aquädukt in Kassel-Wilhelmshöhe und das Ruinenschlößchen auf der Pfaueninsel, in mühseliger Detailarbeit wieder in seinen ruinösen Urzustand zurückversetzt. Damit das Kunstwerk Bestand hat, muß der Zerfall aufgehalten, gebremst, rückgängig gemacht werden. Die Versöhnung von Menschenwerk und Natur, auf die sich die klassische Utopie richtete, verlangt fortwährende Arbeit, immerzu Reparaturen an der bedrohten Inszenierung. Man muß die gefährlichen Spalten und Risse zukitten, immer wieder die gefräßigen Wucherungen herausreißen. Aber kaum ist die Renovierung beendet, beginnt erneut der Verfall, nagt die Natur wiederum an dem ungeschützten Gemäuer. Mittlerweile sieht man an allen Schwetzinger Skulpturen und Bauten die Zeichen des Niedergangs. Die Zeit verwandelt den Garten in eine einzige Ruinenlandschaft. Ist Arkadien, dieser Landstrich jenseits der Zeit, dieser utopische Ort wunschloser Seligkeit, nicht in Wahrheit das Land des Sisyphos, der endlosen Mühsal und Arbeit? Bevor der Humanismus das Bergland Arkadien zum Wunschbild verklärte, wußte man noch, daß in dieser unwirtlichen, kalten und felsigen Einöde nur Hunger, Unfruchtbarkeit, Gewalt und Tod auf den Menschen warteten. Erschreckt lasen die ausgezehrten Hirten den Spruch auf dem Grabstein: Et in Arcadia ego - auch in Arkadien gibt es den Tod.

*

Zur Dekoration künstlicher Landschaften bedienen sich die Baumeister gelegentlich auch der Überreste bereits zerstörter Gartenanlagen. Manche der Figuren, die den Schwetzinger Park bevölkern, stammen aus dem nur zwölf Kilometer entfernten Hortus Palatinus am Fuße des Königsstuhls, dem ehemaligen Terrassengarten des

Schlosses in Heidelberg. Dort hatte der pfälzische Kurfürst, offenbar im Gefühl vollkommener Sicherheit, kurz vor Ausbruch des Dreißigjährigen Krieges die Burggräben aufschütten und die Felsen am schützenden Steilhang absprengen lassen, um ein planes Gartengelände zu erhalten.

Üppige Blumenbeete, exotisches Gehölz, kunstvolle Wasserspiele, erlesenes Gestein, Korallen, Muscheln, steinerne Wildtiere ergötzten den Hofstaat und vertrieben ihm die Langeweile. Doch der Prunkgarten wurde dem Schloß zum Verhängnis. Er eröffnete nämlich den feindlichen Batterien das Schußfeld und ebnete den Landsknechten Tillys, später dann den Truppen Ludwigs XIV. den Weg zum Sturmangriff. Seine Zerstörung verdankt das Heidelberger Schloß, dieser Wallfahrtsort des internationalen Ruinentourismus, nicht zuletzt der Vergnügungssucht und Extravaganz seiner Bewohner.

Überall findet man die Spuren der Verwüstung. Mehrmals sind die Sprengmeister des Sonnenkönigs hierher zurückgekehrt, um ihr destruktives Werk zu vollenden. Den dicken Wehrturm im Nordwesten, ein Bollwerk mit sieben Metern Mauerstärke, haben sie mit Mehrfachladungen aufgesprengt, den Pulverturm gegenüber in zwei ungleiche Teile zerspalten. Unter den Terrassen haben sie Minen gelegt, die Palastdächer mit Fackeln in Brand gesetzt, die kostbaren Fassaden mit Musketen beschossen und die Königs- und Kaiserstatuen mit langen Seilen heruntergerissen, um von den Kronen und Reichsäpfeln das Gold abzukratzen. Was Beutegier und Brandschatzung nicht vermochten, besorgten Naturgewalten und

menschlicher Krämergeist. Drei Tage und vier Nächte
soll das Blitzfeuer getobt haben, das 1764 alle noch in-
takten Innenräume in Schutt und Asche legte. Danach
rissen Architekten das verrußte Gewölbe des Rittersaales
ein, um aus den Sandsteinen Zement für eine Wasserleitung zu gewinnen; und das ehrwürdige Renaissance-
Geländer des Ottheinrich-Palastes verhökerten Heidelberger Ruinenfledderer auf dem Trödelmarkt für sechs
Heller das Pfund.

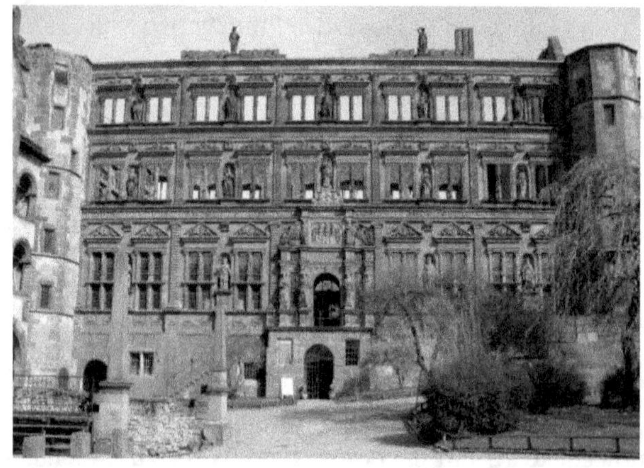

Endgültig besiegelt wurde der Ruin des Monuments freilich nicht von der üblichen Ausbeutung des Materials,
sondern von der antiquarischen Restauration im 20.
Jahrhundert. Als man entdeckte, wie einträglich ein zer-
störtes Symbol sein kann, machten sich die Konservato-
ren daran, das verkommene Denkmal zu pflegen und
seine romantische Aura einzuwachsen. Sie stützten das
morsche Gemäuer ab, besserten die Fassaden aus, reno-
vierten die Säle und Gänge und ersetzten die verletzten
Statuen durch Kopien. Wenn es denn schon eine Ruine

ist, dann zumindest eine benutzbare, vorzeigbare, ein Schmuckstück, das als Ziel für den Pfingstausflug taugt und als Motiv für die Ansichtskarten. Sobald die Zeitläufte zu enteilen drohen, möchte man dem Rad der Geschichte in die Speichen greifen, vor allem aber jeden Gedanken daran beiseite räumen, daß Geschichte immer auch Verfallsgeschichte ist. Warum hat man dieses Fürstenschloß, dessen Hofstaat längst abgedankt hat, nicht sich selbst überlassen, diese Hochburg der Unterdrükkung nicht dem Vergessen anheimgegeben? Als herrenlose Ruine wäre dieses alte Haus der Macht noch erträglich. Da hatten die aufsässigen Bauern doch gründlichere Arbeit geleistet, als sie die Fronburgen der Ritter so demolierten, daß die Restauration keinerlei Fundamente mehr vorfand.

Nachts, wenn die Beleuchtung abgeschaltet ist und das schwere Fallgatter den letzten Besucher ausgeschlossen hat, offenbart die Ruine ihr früheres, unverbrauchtes Gesicht. Ein Schleier des Friedens scheint über dem Schloßhof zu liegen, aus dem Neckartal kriecht nur leise das Gebrumm der Lastzüge herauf. Nach und nach gewöhnt sich das Auge an die ungewohnt klare Finsternis, erkennt die vertrauten Umrisse wieder, den gotischen Erker, den mächtigen Rundturm, die leeren Fensterhöhlen, die verlassenen Götter dort oben, unerschütterlich, unversehrt, als habe eine unsichtbare Hand den Kugelhagel von ihnen abgelenkt. Von der schwarzroten Fassade des Friedrichbaus blicken finster die Ahnen herab: fünf Kaiser, zwei Könige, neun Kurfürsten, eine Galerie der Macht in schwefelgelbem Sandstein, beladen mit

Rüstung, Speer und Schwert. Überlebensgroß stehen sie da, unbeugsam und trotzig, gewappnet für den nächsten Krieg. Einem hat eine Kugel schon die Hand abgeschlagen, ein anderer ist schwer in der Hüfte getroffen, einem dritten hat ein Schwertstreich das Gesicht zerfetzt. Und dennoch verteidigen sie zornig das Schloß, beobachten drohend den ungebetenen Eindringling.

Der Wind ist aufgefrischt. Über dem Rheingraben hat sich ein Gebirge schwarzer Gewitterwolken aufgetürmt, plötzlich sind die weißlichen Flecken in den Spalten des Trümmergesteins verschwunden. Vom Hof führt eine ausgetretene, von Moos überwachsene Treppe hinab in die schützende Gruft. Stockfinster ist es hier, klamm und feucht, es riecht nach Moder, verfaultem Pilz, Weinsäure und verschimmeltem Holz. Im Nebenraum liegt das tonnenschwere Eichenfaß, ein monströses Ungetüm, dem die Axthiebe der Eroberer nichts anhaben konnten. 2000 Liter Wein hat man täglich hinaufgepumpt in den Festsaal. Die Höflinge müssen standfeste Zecher gewesen sein, jedes Bankett ein kolossales Besäufnis.

„Bewegt man sich in dem Schatten, den das große Faß wirft, bemerkt man hinter den Planken (...) eine einzigartige Holzstatue, auf die vom Fenster her bleiches Licht fällt. Sie stellt einen kleinen, grotesk herausgeputzten, fröhlichen Greis dar, neben dem an einem Nagel eine grobförmige Uhr hängt. Unter dieser Uhr ragt ein Strick heraus, wenn man daran zieht, öffnet sich die Uhr plötzlich und gibt einen Fuchsschwanz frei, der einem ins Gesicht schlägt. Dieser kleine Greis ist ein Hofnarr; diese Uhr ist seine Posse. Dies ist das einzige, was im Heidel-

berger Schloß noch Leben hat und sich bewegt: das Spielzeug eines Hofnarren. (...) Alles ist zerfallen, alles ist vorbei, alles ist erloschen, bis auf diesen Possenreißer. Er ist noch vorhanden, er steht da und sagt: Hier bin ich! Er hat sein blaues Gewand an, seine extravagante Weste und seine grünrote Narrenkappe auf; er schaut einen an, hält einen auf, zieht einen am Ärmel, macht seinen groben, dummen Streich und lacht einem ins Gesicht. Was in dieser Heidelberger Ruine am schauerlichsten und bittersten ist, das sind nicht all die toten Fürsten und Könige, sondern dieser lebendige Possenreißer."

Perkeo hieß der Zwerg, der Victor Hugo derart mit seinem Schabernack erschreckte. Ein Spaßmacher war er, ein grinsender Kobold, kaum größer als die Schaftstiefel der Grenadiere, ein Krüppel, für den die Höflinge nur Hohn und Spott übrig hatten. Wenn er die fünfzehn Weinflaschen, die er täglich als Mundschenk des Hofs zu leeren hatte, nicht austrank, wurde er ausgepeitscht. Nur 33 Jahre wurde er alt, bis er jämmerlich zugrunde ging. Als man ihm beim Festschmaus eiskaltes Wasser anstelle des Weines ins Glas goß, traf ihn der Schlag. *„Im Grunde steckte hinter der grinsenden Heiterkeit dieses Elenden nichts als Sarkasmus und Verachtung. Die Fürsten in ihrem Taumel merkten das nicht. Der strahlende Glanz des pfälzischen Hofes überdeckte den Schimmer des Hasses, der dieses Gesicht zuweilen erhellte; heute jedoch, im Schatten der Ruinen, leuchtet er wieder auf, er läßt die geheimen Gedanken des Narren erahnen. Der Tod, der über dieses Lachen hinweggegangen ist,*

Der Regen hat mittlerweile aufgehört, auf dem Pflaster schimmert die Nässe. Aus dem Tal schlägt es Mitternacht, ein loser Fensterladen klappert gegen eine Mauerwand. Es ist Zeit, die Ruine zu verlassen, schon sind die weißen Flecken in den Ritzen zurückgekehrt. Noch ein rascher Blick hinauf zu den doppelschwänzigen Chimären, die sich um den Giebel zu räkeln beginnen, schnell durch den finsteren Torbogen, jemand hat das Eisengatter hochgezogen, wenn nur die beiden Steinriesen noch nicht erwacht sind, die Fallbrücke über den Wassergraben, dann schleunigst den Pfad hinunter, an der Außenmauer des Schlosses entlang. Aber weshalb diese Eile? Wo sind die Gespenster, der bleiche Graf, der schwarze Ritter, die weiße Dame? Wer hat diesen breiten Fußabdruck hier auf dem Steinboden hinterlassen? Kein Romantiker hat je an den Spuk geglaubt. Fauler Zauber, gotischer Unfug all diese blinzelnden Lampen dort drüben im Königssaal, das dröhnende Gelächter der betrunkenen Festgäste, die knarrende Holztreppe neben dem Riesenfaß, der feuchte Fuchsschwanz des Narren.

„Jenseits des Grabens, dreißig Schritte von mir entfernt,
erhob sich, inmitten eines ausgedehnten Buschwerks, der
gespaltene Turm.(...) Ich erkannte die Nasenhöhlen, die
Gaumenöffnung, die doppelte Arkade der Brauen, die
Tiefe und erschreckende Höhlung der erstarrten Augen.
Der große Mittelpfeiler mit seinem Kapitell bildete die
Nasenwurzel. Zerfallene Trennwände glichen den Knor-
peln. Und unten am Berghang verkörperten Mauervor-

Die Stunden der Nacht sind die wahre Zeit der Ruine. Grelles Sonnenlicht entblößt schonungslos die Risse und Narben, zermergelt das Mauerwerk, zerreißt den Schleier des Geheimnisses. Die Nacht hingegen läßt das Gemäuer unangetastet, sie verwischt die Konturen und verhüllt die Zerstörungen des Tages. Tagsüber kann man nach Spuren fahnden, Grundrisse vermessen und Skizzen anfertigen, doch nur in der Nacht hört man die Geschichten, welche die Ruinen zu erzählen haben. Wer ihre Gegenwart studieren will, sollte sie bei Tage aufsuchen, wer ihre Vergangenheit sucht, benötigt das Zwielicht, in dem die Natur aufatmet und die Zeit rückwärts läuft. Ist es verwunderlich, daß der Niedergang der Ruine mit der Verbreitung künstlicher Beleuchtungen zusammenfällt? Kerzen und Fackeln, Holzfeuer und Öllampen verbreiteten nur Dämmerlicht, ließen Schatten und Licht miteinander spielen. Scheinwerfer, Neonröhren und Halogenleuchten jedoch machen die Nacht zum Tage, sie ruinieren die Melancholie, setzen das Auge vor das Ohr - und verscheuchen die Fledermäuse. Die Ruine, sie ist vornehmlich ein Bauwerk des Schattenreichs, der Erinnerung, des Traums, des Todes.

*

Noch lastet der trübe Dunst der Nacht auf der gefrorenen Erde. Mühsam schleppen sich die letzten Mönche durch

den braunweißen Schnee, der den Kirchhof wie ein naß-
kaltes Leichentuch bedeckt. Die ganze Nacht haben die
Brüder an der Totenbahre gewacht, sich mit eintönigen
Betgesängen betäubt, um die Gedanken zu vertreiben.
Nun, im fahlen Dämmerlicht des Morgens tragen sie ihn
zu Grabe. Der Sarg kennt seinen Weg. Vorbei an der
Grube, die der Totengräber aus dem Frostboden heraus-
gebrochen hat, führt er den Leichenzug zum Portal der

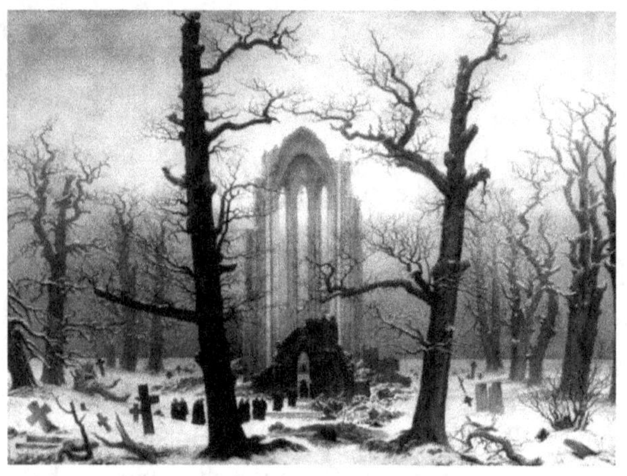

Ruine. Ratlos strecken die Eichen ihre verkrüppelten Arme zum Himmel, aus dem Schnee ragt knorriges Geäst
hervor, auf den Holzkreuzen sind nur Zahlen eingeritzt,
keine Namen, kein Geburtsjahr, kein Todestag. Die
strengen Ordensregeln verbieten den Brüdern, einander
beim Namen zu rufen. Nicht weit von der Abtei, draußen
im dichten Dünengestrüpp am Eismeer hatten sie ihn
endlich gefunden, die Hände zerschnitten, die Augen-
höhlen leer, von Blut überkrustet, eine Möwe auf seiner
Brust. Keiner war ihm entgegengetreten, als er kurz nach
Laudes eilig das Kloster verließ, um sich vom Leben

auszuruhen. Hatte es nicht geheißen, daß am Tag der ersten Posaune Eis und Blut über die Welt kommen würde?

Als sich die Sargträger durch das schmale Westportal zu zwängen versuchen, stockt plötzlich die Prozession. Das verwitterte Kreuz im Torbogen ist von kristallinem Moosschorf überzogen. Wer es berührt, zerreißt sich das Fleisch. Glitzernde Eiszapfen, spitz wie Dolche, hängen über den Köpfen. Da taucht hinter der aufgewirbelten Nebelschwade der durchsichtige Chor der zerstörten Kathedrale auf. Kühn streben die Pfeiler aufwärts, immer höher und höher, verschwinden erneut in der Wolke, wachsen ganz oben zu spitzen Bögen zusammen. Ist es ein Trugbild, eine Phantasmagorie der Verheißung, bloß eine Luftspiegelung nach durchwachter Nacht? Vom Rippengewölbe stürzt lautlos ein loser Bruchstein herab, schlägt dumpf in den Schnee neben dem Altar. Müde ist die Hoffnung der Mönche geworden, aber winkt ihnen nicht dort, am Fuß des gotischen Chors, lächelnd der Priester der Reformation?

Im Sommer 1819 vollendet Caspar David Friedrich das monumentale Ölgemälde „Klosterfriedhof im Schnee". Die napoleonische Besatzungszeit ist längst zu Ende, das Pathos der Befreiungskriege verflogen. In den deutschen Fürstentümern herrscht die Restauration der Heiligen Allianz, die vier Jahre zuvor auf dem Heidelberger Schloß ihren reaktionären Pakt besiegelt hatte. Soeben hat der Extremist Carl Ludwig Sand den Dichter Kotzebue erschossen, in wenigen Wochen wird die in Karlsbad versammelte Obrigkeit den Herbst über Deutschland verhängen und die patriotischen Umtriebe der Burschenschaften mit Zensur und Polizei unterdrücken. Aber Friedrich, der stille Sympathisant der Demagogen, malt ein Bild, das den dramatischen Zeitläuften entrückt zu sein scheint: Mönche in eisiger Winterlandschaft, Gräber, Kreuze, die Ruine einer gotischen Hallenkirche, Eichen aus heidnischer Riesenzeit. *„In ruhiger, stiller Dämmerung, der Scheide zwischen Tag und Nacht, stehen noch die gewaltigen Überreste vergangener Jahrhunderte und erheben sich in Spitzbogen und Wölbungen als Zeugen früherer großer Vergangenheit über die kränkelnde Gegenwart (...). Die Zeit der Herrlichkeit des Tempels und seiner Diener ist dahin und aus dem zertrümmerten Ganzen eine andere Zeit und anderes Verlangen nach Wahrheit hervorgegangen.«*

So arglos, mystisch, unpolitisch, wie manch biederer Betrachter das Gemälde wahrnehmen sollte, hat es Friedrich demnach nicht gemeint. Das Bild bezeichnet den Zustand der Gegenwart, Winter in Deutschland, Zerfall der Religion, vornehmlich der katholischen, karge Hoffnung nur aufs Kommende. Die kahle Eiche, dieser heilige Baum der Germanen, hat alle Wechselfälle der Geschichte überdauert. Zersaust und knorrig, die Rinde voller Kerben und Wunden, die Äste und Zweige abgestorben, ragt der Stamm unbeugsam in die Zukunft hinüber, eine Baumruine, in der noch der Keim steckt für das neue, freie und einige deutsche Reich. Der Baum ist wohlvertraut, seine mythische Symbolik gehört zur zeitgenössischen Sprache der Rebellen, die, wie Friedrichs Malerkollege und Freund Harro Harring, in den Wäldern schon den Advent der neuen Zeit vernehmen: *„Geheimnisvoll rauscht es in den deutschen Eichen von wundersamen Dingen, von einer kräftigen Zeit; denn am Stamm einer deutschen Eiche ist befestigt ein Schwerdt, auf welchem geschrieben steht mit dem Blute des Feindes: „der Morgen graut!" Das Licht der Freiheit dämmert, und es regt sich der Geist, der da gesunken lag, gebeugt unter dem Joche der Knechtschaft. Und ahnungvoll horcht der Geist dem geheimnisvollen Rauschen in den deutschen Eichen, das da murmelt von wundersamen Dingen und von einer kräftigen Zeit. "*

Unverrückbar stehen die Baumruinen neben der zerstörten Architektur. Die mächtigen Eichenstämme umrahmen den Kirchenraum, ja, sie ersetzen die gotischen Seitenpfeiler und stützen die ruinöse Kirchenhalle ab. Seit Goethes Hymnus auf das Straßburger Münster sah der romantische Zeitgeist in der gotischen Baukunst den vollkommenen Ausdruck einer natürlich geordneten Regellosigkeit, einer wuchernden Steinkunst, die aus dem Boden des deutschen Waldes emporgewachsen sei. Die zerbrechlichen Säulen der phantastisch überhöhten Chorruine, wirken sie nicht wie schlanke Baumschäfte in uraltem Forst, deren Kronen sich in unermeßlicher Höhe zum Rippengewölbe verflechten? Im Zustand des Verfalls sind Natur und Menschenwerk endlich versöhnt, verschlungen zu einer Apotheose teutonischer Größe. Ein patriotisches Mahnmal ist die Ruine, verwittertes Erbgestein des deutschen Nationalkultes.

1842, zwei Jahre nach Friedrichs Tod, erklärte man die Vollendung des Kölner Doms, der seit dreihundert Jahren als Torso, als gewaltige Bauruine stand, zur gemeinsamen Sache aller Deutschen. Niemandem kam in den Sinn, daß die Gotik, dieser angeblich urdeutsche Stil, ihre Geburtsstätte keineswegs in den Urwäldern Germaniens, sondern mitten im Lande des Erbfeindes, in der Ile de France gehabt hatte. Und nur wenige durchschauten, daß das symbolträchtige Projekt nur für die vorenthaltenen Freiheiten entschädigen und die Unruhe beschwichtigen sollte. Schon damals war die Fertigstellung einer Ruine nichts anderes als ein restauratives Zeichen für Deutschland im Winter.

„Er ward nicht vollendet - und das ist gut. Denn eben die Nichtvollendung macht ihn zum Denkmal von Deutschlands Kraft und protestantischer Sendung. Ihr armen Schelme vom Domverein, ihr wollt mit schwachen Händen fortsetzen das unterbrochene Werk und die alte Zwingburg vollenden! O törichter Wahn! Vergebens wird der große Franz Liszt zum Besten des Dorns musizieren, und ein talentvoller König wird vergebens deklamieren! Er wird nicht vollendet, der Cölner Dom, obgleich die Narren in Schwaben zu seinem Fortbau ein ganzes Schiff voll Steine gesendet haben. Er wird nicht vollendet, trotz allem Geschrei der Raben und Eulen, die altertümlich gesinnt, so gern in hohen Kirchtürmen weilen. Ja, kommen wird die Zeit sogar, wo man, statt ihn zu vollenden, die inneren Räume zu einem Stall für Pferde wird verwenden.“

Von Heinrich Heines spöttischem Geist hätte Friedrich vermutlich ebensowenig gehalten wie von der reaktionären Schwärmerei für das Mittelalter. Alte Tempel sind schlechte Fundamente für die neue Republik und ihre Volksreligion.

Daß sich ein ruiniertes Glaubensgebäude nicht umstandslos reparieren, geschweige denn restituieren läßt, dessen war sich Friedrich immer bewußt Trotz mythischer Sprache und romantischer Krisendepression verklärte er nicht die überlebte Vergangenheit, sondern montierte ihre Bruchstücke zu einem neuen Traum. Der Bau seines Bildes ist wohlkalkuliert, Ergebnis von exakter, konstruktiver Komposition und Berechnung.

Die Szenerie des „Klosterfriedhofs im Schnee" zitiert aus einem fixen Vokabular von Zeichen und Motiven, die streng methodisch, geometrisch geordnet sind. Die Baumruinen standen zuvor schon in anderen Winterlandschaften, neben nordischen Hünengräbern und idyllischen Dorfteichen. Hier jedoch bilden sie symmetrisch gesetzte Längsachsen, die die Bildfläche wie ein sakrales Triptychon aufteilen und den Blick zur Mitte lenken. Die Kirchenruine wiederum hat Friedrich aus zwei gegensätzlichen Baufragmenten zusammengesetzt. Das Portal der Westfassade, durch das der Leichenzug einzieht, ist ein spärlicher Überrest der ehemaligen Zisterzienserabtei Eldena, ein malerisches Thema, das Friedrich mehrfach variiert hat. Der gotische Ostchor entstammt der Jacobikirche in Greifswald, die der Maler schlichtweg in eine Ruine verwandelt hat. Von spontaner Eingebung, naturwüchsiger Intuition kann mithin keine Rede sein. Auf einem unsichtbaren Netz von Quadraten hat Friedrich die ruinösen Fragmente zusammengefügt, mit Lineal,

Winkelmaß und Reißschiene eine fiktive Architektur konstruiert, eine künstliche Ruine.

Trotz der modernen, mathematischen Produktionsweise ist das Ruinenbild dem heutigen Betrachter merkwürdig fremd. Die Kritik der Religion ist intellektuell weitgehend abgeschlossen, die Idee von der vereinten deutschen Nation vom weiteren Gang der Geschichte gründlich zerstört worden. Zu Patriotismus haben die Deutschen wahrlich weder Anlaß noch Grund. War es bloß ein tragischer Zufall, daß Friedrichs nationales Ruinenbild 1945, bei einem der letzten Bombenangriffe auf Berlin, im Flakturm Zoo verbrannt ist?

*

Zwischen den glühenden Geleisen hinter dem Bahnhof dösen schläfrig die Birken. Sie werfen kaum Schatten, riesige Löcher hat die Morgensonne in das flirrende Blättergewirr eingebrannt. Am Boden, neben den ausgefahrenen, vom Rost zerfressenen Schienensträngen leuchtet gelb der Löwenzahn, auf den Schwellen liegen aufgeplatzte Samenschoten der Blasensträucher. Einer der Fernzüge aus Südfrankreich hat sie nach Berlin eingeschleppt, Keime des Südens im Reisegepäck der Urlauber. Am Sandstroh saugt sich ein Würfelfalter fest, wilder Wein klettert die Seitenmauer entlang, schlanke Robinien umklammern das alte Abfahrtssignal, das den Ausweg versperrt. Maschengitter, verschlossene Eisentore, Stacheldrähte sichern das verlassene Gelände, umzäunen die Rückkehr der Natur. Kein Zug wirbelt mehr die Motten aus dem dürren Gras heraus, Fliegenge-

brumm, Wespen, im Halbschatten üppig wuchernder
Wurmfarn, Apfelbäume haben sich hierher verirrt, haus-
hohe Pappeln neben dem schiefergrauen Wasserturm;
„Das Capital", „Freiheit", „Glück": Parolen im Niemandsland. Hinter dem ehemaligen Betriebswerk steht ein
Baugerüst, begierig greift ein Bagger in die Trümmer. Es
wird aufgeräumt, demnächst soll der verrottete Lokschuppen fertig sein, dann das ausgebombte Bahnheim,
in dem einst die Zugführer übernachtet haben: Denkmäler für ein Verkehrsmuseum. In der Nähe des Stellwerks
umrankt weißer Holunder das Skelett eines ausgedienten
Coupéwagens, eine Ruine aus Stahl, eine abgerissene
Tür, leere Fenster, verwesende Technik. Im Innern zeichnet das Licht Parallelogramme auf die verbogenen Ble-
che, faulende Holzdielen, Splitter, ein paar braunrote Ei-
sennägel, in der Ecke, unter der zerrissenen Plastikplane
krabbeln pechglänzende Raubkäfer. Vierzig Jahre schon
liegt der Waggon vergessen auf der Geröllbank, ohne
Räder, ohne Bänke, ohne Glasscheiben. Sogar die langen
Trittstege sind verschwunden, auf denen man damals, in
der Trümmerzeit, in die Mark hinausfuhr, um etwas Pro-
viant gegen den Hunger zu ergattern.

*„Die Trittbretter, Puffer und die an den Waggons ent-
langführenden Laufstege waren mit traurigen Gestalten
besät, und oben auf den Wagendächern hockten, dicht
aneinandergepreßt, nicht weniger Fahrgäste als unten in
den Coupés. Von dem Zug (...) war nichts zu sehen, - er
war mit Menschen paniert! Sie saßen, hingen, standen,
klammerten sich an,(...) dachten nicht an Kurven und
Tunnels, sondern nur an ihre Rucksäcke mit den paar*

*Pfunden gehamsterter Kartoffeln und an die Gesichter
daheim. War's nicht früher einmal verboten gewesen,
sich während der Fahrt aus dem Fenster zu beugen?
Und jetzt kauerten alte Frauen und magere Kinder zu
Hunderten, ohne Halt und Lehne, auf den rußver-
schmierten Dächern wie auf einstöckigen, geländerlosen
Omnibussen. Nun war es niemandem mehr untersagt,
sich das Genick zu brechen. Der Staatsbürger war dabei, sich neue Freiheiten zu erobern, wenn auch nicht
gleich die richtigen. (...) Als der Zug anruckte, gab's eine
Schrecksekunde. Dann glitt wieder der alte Gleichmut
über die blassen Mienen. Die Lokomotive spie Ruß und
Rauch, und langsam schob sich die Wagenkette wie ein
mit tausend kleinen Fliegen gesprenkelter, halbtoter
Wurm durch den märkischen Sand.''*

Solche Züge sah Erich Kästner nach dem Kriege in die
zertrümmerte Halle des Anhalter Bahnhofs zurückkehren. Stadtbewohner, die das Inferno überlebt hatten, stie-
gen über zusammengekauerte Flüchtlinge hinweg, ein
Volk auf Bündeln, Schachteln, Pappkartons, heimatlos,
ohne Erwartung; hier und da ein Trupp junger Rotarmi-
sten, amerikanische Militärstreifen, die für Ordnung
sorgten in diesem beschädigten Gehäuse der Repräsenta-
tion. Noch einmal war der Anhalter Bahnhof ein Brenn-
punkt, ein Seismograph der Geschichte, ein Mikrokos-
mos der Gesellschaft.

Wenige Monate zuvor hatten noch deutsche Rekruten
den Kopfperron überfüllt, Kinder eher als Männer, feld-
graues Frachtgut für die täglich näherrückende Front.
Zur selben Zeit kamen aus der Gegenrichtung die Laza-

rettzüge zurück, eiserne Särge voll blutdurchtränkter Pakete, der Bahnhof als Anfangs- und Endpunkt des Krieges, eine Drehscheibe des Todes. Auch die hohen Herren sah man hier, die die Jugend in die Schlachten schickten, die Obrigkeit, die ihre Gäste empfing: Molotow 1940, den stalinistischen Kumpan, 1913 Vetter Niki, den letzten russischen Zaren, Mussolini und fünfzig Jahre davor den König Umberto. Der große Bahnhof machte keine Unterschiede: dieselbe Halle mit ihren Triumphbögen für die Prunkzüge, derselbe Bahnsteig, dasselbe Spalier, derselbe Perserteppich im Kaiserzimmer, Palmen, Flaggen, Wimpel. Auch wenn die Farben und Hymnen wechseln, der Staat zelebriert sich immer mit demselben Gepränge.

An andere Zeichen hielt sich der wohlhabende Bürger. Für ihn war der Anhalter Bahnhof das festliche Foyer der Reichshauptstadt, die öffentliche Empfangshalle des Nobelhotels Excelsior gegenüber, vor allem aber das offene Stadttor zum Süden, Ausgangspunkt der Urlaubsreise. Im Vestibül mit seinem rotbunten Stuckmarmor, dem bemalten Kachelboden, dem wilden Akanthus und den goldbronzenen Kandelabern grüßten schon die Wappen der Städte, die den Reisenden erwarteten: Halle, Weimar, Leipzig, Dresden. Später fuhren die Luxuswagen der Mitropa bis Wien, Belgrad, Athen, bis Rom, Lugano und Lissabon. Vom rechten Eckturm der großen Halle schaute Hermes herab, der Gott der Unbeständigen, der Beschützer der Märkte mit den geflügelten Sandalen.

Und die Armen, die Unterklassen, die Arbeiter, die sich niemals die Fernreise leisten konnten? Auch sie hatten ihre Plätze und Gänge im Bahnhof, am Rande der besseren Gesellschaft zumeist: den schlichten Wartesaal der 3. und 4. Klasse, die Katakomben der S-Bahn, die Arbeitsräume, Gepäckabfertigung, Kartenschalter, Toiletten; draußen auf dem Betriebsgelände den Lokschuppen, die Kohlenbühne, die Ladestraßen, die Fettgasanstalt. Unsichtbar für die betuchten Bürger hielten sie die Maschinerie in Gang, das Gepäck mußte sortiert, adressiert und verladen, die Züge mußten rangiert, verkürzt oder verlängert, geschmiert und geputzt werden. Nur einmal trat das Proletariat aus dem Schatten heraus. Am 23. Oktober 1918 drängten sich viele Hunderte, ohne Kauf einer Bahnsteigkarte übrigens, auf dem bürgerlichen Terrain, um Karl Liebknecht zu empfangen, den man soeben aus dem Zuchthaus entlassen hatte. Es blieb ein Intermezzo, rasch verschwanden die Werktätigen wieder aus den Festräumen, Arbeitslose und Obdachlose zogen sich in die dunklen Korridore zurück, bis ihre Destruktivkräfte gefordert waren, für den Krieg und für den Abriß.

„Lebensgefährliche Arbeit 60 m hoch - achtzig Kilo Sprengstoff in der Dachkonstruktion. Tief unten wimmelt es wie in einem Ameisenhaufen. Arbeiter der Reichsbahn decken mit Schienen und Schwellen den Bahnkörper unter der Sprengstelle ab. Die Sprengmeister befestigen an jedem Binder 24 Sprengladungen. Acht Stromkreise sind notwendig, damit alle Ladungen gleichzeitig gezündet werden. 396 Zünder werden ansprechen.(...) Die Zeit bis 10 Uhr verging wie im Fluge.

Lautsprecherwagen der Polizei hatten die Bevölkerung gewarnt. Die Bahnsteige waren geräumt worden.(...) In 60 Meter Entfernung hatten wir Deckung genommen. Um 10 Uhr 07 schossen Flammen aus den Trägern, und ein ohrenbetäubender Knall zerriß die Luft. Splitter rollten über uns hinweg und prasselten nieder. Dann war das Eisengerippe in die Tiefe gestürzt."

Die Sprengung der von Kriegsbomben demolierten Dachkonstruktion, von der im „Telegraf" 1948 zu lesen war, bedeutete nur den Anfang. Noch dachte niemand an die Beseitigung der Bahnhofsruine. Die Brandbomben hatten nur die Fensterscheiben herausgewuchtet, das Hallendach aufgerissen und die Holzdecken der Seitengebäude durchgebrannt. Die Außenwände dagegen standen noch, lädiert zwar und von Ruß geschwärzt, doch der Bahnhof war dienstfähig, Schienen und Bahnsteige wurden umgehend gereinigt, und schon bald verkehrten die ersten Züge wieder, nach demselben Fahrplan wie zuvor. Erst als die Ostbesatzung die Linien kappte, die Zufuhr aus dem Westen blockierte und die Frachten nach Ost-Berlin umleitete, wurde der Anhalter Bahnhof stillgelegt. Bis 1958 lag er unbehelligt in Agonie, eine durchlöcherte, riesige Basilika des Industrialismus, ohne Dach, ein offener Raum, 62 Meter breit, 170 Meter lang, die Seitenwände 20 Meter hoch, eine romanische Ruine in der Größe des Markusplatzes in Venedig. Dann aber brauchte man angeblich Ziegelsplitt zum Aufbau Berlins, man beförderte die dekorativen Terrakotten in die Spandauer Zitadelle und räumte die Ruine ab, zuerst die Anbauten, dann legte man die Hallenwände um, zuletzt die Wartesäle, eine Arbeit von vier Jahren. Die felsenfesten Ziegelbrocken, die keinerlei Splitt ergaben, kippte man auf den Teufelsberg. Nur der Portikus, durch den man früher in die große Empfangshalle gelangte, ist noch übrig, ein letzter kümmerlicher Rest, den die Lust an der Zerstörung übriggelassen hat.

Zwei Götter beschützen das tote Gelände. Unberührt sitzen „Tag" und „Nacht" auf der nackten Fassadenwand, in grüne Patina gehüllt, stumm, gedankenverloren. Wie konnten sie den Feuersturm überleben, die Wucht der Sprengungen, die Erschütterungen der Hämmer? Die alte Bahnhofsuhr in ihrer Mitte ist verschwunden, ausgeschlagen, ein rundes Nichts, wo einstmals unerbittlich die Zeit geherrscht hat. Am Taxistand warten die Wagen auf Passagiere. Es ist ein schlechtes Geschäft. Seit Jahren schon verläßt niemand mehr die abgelegene Ruine, die einmal das Herz der Stadt gewesen war. Der unsichtbare Bahnhof hat ein einfaches Geheimnis: er kennt nur eine Abfahrt, keine Wiederkehr. Auf der weiten, grauen Fläche hinter dem Portal streut ein ausgezehrter Hund umher, sucht vergeblich nach Nahrung in dieser Einöde, nach frischen Kadavern. Möwen hacken zuerst in die Augen, Hunde halten sich an die Weichteile, Muskeln, After, Bauch. Doch hier gibt es nur Käfer und Mäuse, versengte Grasbüschel, ausgetrocknete Pfützen, scharfe Risse im ausgedörrten Boden. Heißer Sand füllt die aufgeplatzten Blechdosen. Es ist ein Ort kommender Unendlichkeit, absoluter Freiheit, unermeßlicher Monotonie. Verwischt sind die Spuren der Ruine, nach ihr beginnt die Zeit der Wüste.

Zwischen Rom und Las Vegas.
Zum historischen Sinn postmoderner Architektur

„Verbrecherisch ist die Benutzung des Lineals in der Architektur. Schon das Bei-sich-Tragen einer geraden Linie müßte, zumindest moralisch, verboten werden. Das Lineal ist das Symbol des Analphabetentums. Das Lineal ist das Symptom der neuen Krankheit des Zerfalls. Die funktionelle Architektur hat sich als Irrweg erwiesen, genauso wie die Malerei mit dem Lineal. Wir nähern uns mit Riesenschritten der unpraktischen, der unnützbaren und schließlich unbewohnbaren Architektur. Um die funktionelle Architektur vor dem moralischen Ruin zu retten, soll man auf die sauberen Glaswände und Betonglätten ein Zersetzungsprodukt gießen, damit sich dort der Schimmelpilz festsetzen kann. Erst nach der schöpferischen Verschimmelung wird eine neue wunderbare Architektur entstehen."

Die Sehnsucht nach einer bewohnbaren Welt ist ein unerfüllter Tagtraum geblieben. Nicht einmal der allgegenwärtige Schimmelpilz, den der Wiener Maler Friedensreich Hundertwasser im Jahre 1958 als Geheimwaffe gegen die Tyrannei der Geometrie empfohlen hatte, vermochte den Siegeszug des rechten Winkels aufzuhalten. Nachdem in Deutschland die Kriegstrümmer abgeräumt waren, überzog man die planen Stadtgebiete mit Autostraßen, Stahlskeletten und Betonblocks. Wo die Brandbomben ihr Ziel verfehlt hatten, half man mit den Sprengsätzen und Abrißbirnen der Flächensanierung nach. Und unter der Parole nüchterner Zweckmäßigkeit wurden die Menschen in präzise ausgemessene Behälter und Kisten verpackt, denen man allenfalls noch die Funktion der Profitvermehrung ansah.

Der gesellschaftlichen Restauration folgte mit einiger Verspätung die Nostalgie der Architektur. "Konservieren ja, restaurieren nein", lautete zunächst die Devise einer kritischen Denkmalpflege, die zwar die alte Bausubstanz bewahren, aber keinesfalls alte Gebäude nachäffen wollte. Doch mit solchem Sinn für das Unzeitgemäße läßt sich der populäre Hunger nach Gemütlichkeit kaum befriedigen. In der rechtwinkligen Betonwüste, in der rigoros jede Geschichte niedergewalzt ist, regen sich antimoderne Ressentiments, die in altdeutsche Zeiten zurückweisen.

Nur zu gern hören willfährige Stadtväter auf die sentimentale Kehrtwende des Zeitgeistes, erspart sie ihnen doch die Reform der gesellschaftlichen Verhältnisse. In Paderborn bekrönte man vor kurzem das ehrwürdige Stadtbild mit einer nachgebauten Kaiserpfalz, als stünde der Einzug Kaiser Ottos III. kurz bevor. In Würzburg maskierte 1980 Alexander von Branca ein Kaufhaus mit der Außenfront eines mainfränkischen Marstalls: eine Putz- und Werkstückfassade mit hübschen Fensterchen und kleinen Wimpeln, hier und da eine Dachgaube in den Ziegeldächern, dahinter die vollklimatisierte Verkaufsfläche, Geschichte als Kundenfalle. In Frankfurt wurden zu Weihnachten die schmucken Knusperhäuschen des Römerbergs eingeweiht, eine adrette Kulisse nagelneuer Fachwerkhäuser, denen erst der Zahn der Zeit den letzten Schliff geben wird. Pseudo-Altes verspricht Behaglichkeit und beruhigt das aufgewühlte Gemüt, auch wenn die Details so genau nicht stimmen.

Während die sentimentale Restauration entschlossen auf dem Fluchtweg in vormoderne Zeiten marschiert, hat die Avantgarde der internationalen Architektur die Epoche der Postmoderne ausgerufen. Gegen die kalte Herrschaft der Zweckbauten, gegen die Eintönigkeit der Massenquartiere und die Sprachlosigkeit des rechten Winkels fordert sie Vielfalt, Ausdruck und Phantasie. Nicht formale Strenge, sondern Mannigfaltigkeit und Widerspruch, nicht Zweckdienlichkeit, sondern Ausdruckskraft, nicht Funktion, sondern Fiktion, dies sind die Leitideen der Avantgarde seit etwa zwanzig Jahren. Die gebauten Orte sollen sich den Menschen wieder einprägen, die Architektur soll wieder Baukunst werden und, wie Charles Moore, ein Vorreiter der amerikanischen Postmoderne, verkündet, ihre Sprache wiedergewinnen:

"Gebäude können und müssen sprechen. Gebäude brauchen deswegen Redefreiheit; sie müssen nachdenkliche, weise, mächtige, nette, ja selbst dumme Dinge sagen können. Gebäude müssen für die Körper und für die Gedanken der Menschen bewohnbar sein. Gebäude dürfen nicht nur auf cartesianischen Abstraktionen beruhen, sondern müssen auch sinnlich ansprechen. Gebäude müssen Verbindungen zur Vergangenheit schaffen und Erinnerungen wecken."

Wenn die Geschichte sich ihrem Ende zu nähern scheint, büßt auch die Avantgarde ihre frühere Radikalität ein. Nichts scheint mehr übrig zu sein von dem Pathos des

Aufbruchs, von dem kulturellen Protest und der Vision
einer gerechten Gesellschaft, mit der zu Beginn des Jahrhunderts die moderne Architektur gegen die geschwätzi-
ge Kulissenwelt des bürgerlichen Historismus angetreten
war. Eingekeilt zwischen dem gescheiterten Fortschritt
und der hoffnungslosen Zukunft macht die Postmoderne
ihren Frieden mit dem Status quo und treibt unbeküm-
mert ihr Spiel mit der Geschichte. Es ist kein Zufall, daß
die postmodernen Häuser, die hinter der Fachwerkzeile
des Frankfurter Römerbergs entstanden sind, sich fast
bruchlos in das antiquarische Stadtbild einfügen. Obwohl die aktuelle Revision der Moderne durchaus viel-
fältige Formen hervorgebracht hat und alles andere als
einen einheitlichen Stil vorstellt, bekunden ihre wichtig-
sten Vertreter einen fragwürdigen Sinn für die Vergangenheit. In Frage steht daher die historische Bedeutung
der Postmoderne und ihr Umgang mit der Geschichte.

*

Am Rande eines verfallenen Wohnquartiers, zwischen
grauen Hochhäusern steht verloren ein Gerüst aus dün-
nen Betonsäulen. Sie tragen ein Gebälk nackter, gelb-
grau schimmernder Stahlrohre, ein antiker Tempel im
Niemandsland. Wenige Schritte weiter, am Ende einer
schmalen Passage, öffnet sich ein kreisrunder Platz, ein-
geschnitten in eine flache Neubauanlage, die den kostbaren Ort von der trostlosen Umgebung abschirmt. Dicht
hintereinander, auf den konzentrischen Außenringen des
Platzes, sind mehrere Säulenordnungen aufgestellt, rot,
braun und ocker eingefärbt. Dahinter, an der Seitenwand
überragt eine hohe Bogenarkade die Szene. Wie eine

Halbinsel schiebt sich ein treppenartiges Bodenrelief in ein Brunnenbecken, bis zur Mitte des Platzes, wo an der Spitze des Landkartenstiefels die Insel Sizilien liegt. Die drei Rinnsale, die über den Stiefel plätschern, sind die Flüsse Po, Arno und Tiber, das Brunnenbecken ist das Mittelmeer, der gesamte Platz nichts anderes als eine Miniatur der Geographie und Geschichte Italiens.

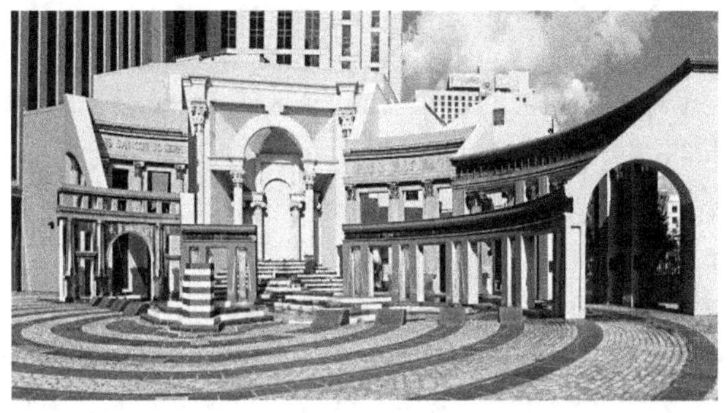

In Rom, Florenz oder Palermo dächte wohl kaum jemand daran, einen neuen Platz mit den Kopien antiker Säulen zu möblieren. Wer die Ruinen der eigenen Vergangenheit vor Augen hat, braucht keine künstlichen Attrappen. Aber hier, an der Lafayette Street in New Orleans, hat Charles Moore die postmoderne „Piazza d´ Italia" als Kulisse der Erinnerung errichtet. Als Versammlungsraum für die Einwohner des italienischen Viertels ist die Anlage gedacht, als Forum Romanum mitten im Sanierungsgebiet. Bisher hat freilich noch nie ein Senator seine Wahlrede auf der Rednerbühne gehalten.

Die Piazza eignet sich weniger zum öffentlichen Treffpunkt, als vielmehr zum Interieur für private Erinnerungen. Sie soll das Andenken an die ferne Heimat konser-

vieren, obwohl sich die Bewohner dieser Gegend längst
als Amerikaner verstehen. Sie sind Einwanderer der zweiten und dritten Generation, die Italien allenfalls aus Ki-
nofilmen oder den Erzählungen ihrer Großeltern kennen.
In absehbarer Zukunft werden jedoch auch diese Geschichten verstummen. Denn die Kahlschlagsanierung
wird nach und nach die italienische Nachbarschaft aus
dem Viertel verdrängen und begüterte Mieter in die
wertvollen Neubauten locken. Daher verwundert es keineswegs, daß sich die klassische Kulisse beim zweiten
Blick als ein überaus amerikanischer Ort entpuppt. So
wörtlich ist die historische Rhetorik gar nicht gemeint.

Das Material der Säulen stammt nicht aus dem antiken
Rom, sondern aus der neuen Konsumwelt. Die Längsril-
len der dorischen Ordnung werden von einem Ring dün-
ner Wasserstrahlen gebildet, die von den Blechkapitellen
auf Sardinien herniederprasseln. Den ionisehen und ko-
rinthischen Säulenschäften sind als Halsbänder rötlich
leuchtende Neonröhren umgelegt. Daneben glänzen die
polierten Chrombleche der tuskisehen Ordnung. Was
wie das Medaillon eines römischen Feldherrn aussieht,
erweist sich als das runde Selbstportrait des Architekten
Charles Moore, der sich als wasserspeiende Maske selbst
ein Denkmal gesetzt hat. Alle antiken Säulentypen stehen einträchtig beieinander, doch ihre Maßstäbe sind
willkürlich verschoben, ihr kommerzielles Material verwandelt sie in einen architektonischen Scherz.

*"Zerschmeißt die Muschelkalksteinsäulen in Dorisch,
Ionisch und Korinthisch, zertrümmert die Puppenwitze!
Runter mit der Vornehmheit der Sandsteine und Spiegel-*

*scheiben, in Scherben der Marmor- und Edelholzkram,
auf den Müllhaufen mit dem Plunder!"* So hatte zu Beginn der Zwanziger Jahre Bruno Taut, einer der Baumeister der Moderne, gegen die Attrappen des Historismus polemisiert. Auf der „Piazza d'Italia" des Postmodernen Charles Moore sind alle diese Hülsen der Vergangenheit wieder gegenwärtig, aber sie sind ironisch verfremdet - zu zwecklosen Requisiten einer Theaterbühne. Die Piazza ist kein italienischer Platz, sondern dessen Fiktion, vorgespiegelter schöner Schein. Unübersehbar sind die Stilzitate in Anführungszeichen gesetzt, nur unter Vorbehalt berichten die Säulen von alten, grandiosen Zeiten, ja ihr Material bringt die Monumente bis an die Grenze zum gewollten Kitsch. Geschult hat Charles Moore seinen ausgeprägten Sinn für den ästhetischen Wert des Geschmacklosen nicht nur an den kitschigen Bildern, die sich Italo-Amerikaner von ihrer unbekannten Heimat machen. An der Universität von Los Angeles hielt er regelmäßig Seminare über die Baukunst in Disneyland ab.

Den Gralshütern der höheren Künste galten Anleihen beim populären Geschmack seit je als Verstoß gegen die Weihen des Kunstwerks. Auch sie konnten indes nicht verhindern, daß die Künste, zumal die modernen, immer wieder den Rückweg ins Leben suchten, und sei es als Kritik, Protest, Utopie. In der Endphase der Menschheitsgeschichte häufen sich jedoch die respektlosen Übertragungen, aggressiven Deformationen und spöttischen Regelverstöße. Wenn alles schon einmal dagewesen ist, kann das Neue nur noch Kopie oder Parodie sein. Wie jede Spätkunst wandert daher auch die postmoderne

Architektur auf dem schmalen Grat zwischen Nachahmung und Distanz, zwischen Imitation und Entstellung. Wollte die Moderne dem Wiederholungszwang der Geschichte einst noch mit radikalen Programmen des Neubeginns entkommen, so ruft die Postmoderne vorsätzlich jene alten Bauformen zurück, die im Gedächtnis der Menschen als Klischees überlebt haben. Nur dem Kennerblick des Experten erschließen sich die manieristischen Tricks, mit denen Moore seine Säulenordnungen verformt, das Publikum der nahen Community entschädigt er mit den Trugbildern ihrer Klischees.

Allerdings teilen nicht alle Bauherren Charles Moores augenzwinkernde Vorliebe für das Triviale. Als er von einer Bankgesellschaft mit dem Umbau einer Provinzfiliale beauftragt wurde, überraschte Moore den Aufsichtsrat mit dem Plan, an der würdevollen Tempelfassade den Namen der Bank in riesigen Neonbuchstaben anzubringen. Und damit auch wirklich niemand über die eigentliche Aufgabe des Gebäudes im Unklaren gelassen würde, sollte ein gigantischer Fünf-Dollar-Schein an der Fassade befestigt werden. Die Herren in den Nadelstreifen waren entsetzt. Mit dem Hinweis, die monumentalen Leuchtsignale ähnelten allzu sehr den Reklametafeln einer Texaco-Tankstelle, lehnten sie Moores Entwurf ab. Vermutlich hätten die überdeutlichen Zeichen tatsächlich das Vertrauen der Kunden in die unauffällige Seriosität der Bankgeschäfte untergraben. Denn für die scheinheiligen Sakralbauten der Geldwirtschaft sind die verspielten, unsoliden Mittel der Werbung allemal tabu.

*

Nicht anders erging es Robert Venturi, dem, neben Charles Moore, prominentesten Architekten der amerikanischen Postmoderne. Auch er erhielt von den Bankiers den Auftrag, in Stratford, Connecticut, eine neue Zweigstelle zu entwerfen. Im Gegensatz zu Moore bediente er sich jedoch nicht des Vokabulars der Reklame, sondern der Kulissen des Wildwest-Films. Einer simplen Barakke sollte ein flaches Fassadenrelief vorgeblendet werden, mit zwei Pilastern neben dem Eingangsportal, darüber zwei Reihen mit Balustern und in der Mitte ein giebelartiger Tafelaufsatz mit dem Schriftzug der Bank: eine Ansicht aus den Pionierdörfern des 19.Jahrhunderts. Insgeheim müssen die Aufsichtsräte, die Venturis Projekt ebenfalls verwarfen, von der Angst geplagt worden sein, manche Passanten könnten die Wildwest-Fassade als Einladung zur unerlaubten Bereicherung mißverstehen.

Im 20. Jahrhundert pflegen Bankräuber nicht zu Pferd, sondern mit dem Auto zu flüchten. Venturis Architektur des Blickfangs ist eher auf den Informationsbedarf des Autofahrers zugeschnitten als auf die gemächliche Fortbewegung von Reitern oder Fußgängern. Aus der Autokabine überblickt man lediglich den Ausschnitt in Bewegungsrichtung, die seitlichen Zonen bleiben ausgeblendet. Hinweisschilder und Verkehrszeichen erregen nur Aufmerksamkeit, sofern sie direkt am Straßenrand plaziert sind und vollständig von vorn wahrgenommen werden können. Eine Architektur, die in das Sichtfeld des Autofahrers eintreten will, muß deshalb zwangsläufig ein visuelles Ereignis sein.

Meilenlang frißt sich der Strip von Las Vegas in die Wüste hinein, Motels, Spielkasinos, Tankstellen, Showpaläste; eine Orgie in glühendem Gelbrot, Cyanblau, Kongorubin; ein Tumult von Schildern, Buchstaben, Formen. Ein wuchernder Blattrichter kündigt das „Tropicana" an; ein Riesencowboy, zwanzig Meter hoch, hält in der Rechten einen Autoreifen; Aladins Wunderlampe über flachen Holzhäuschen aus dem englischen Mittelalter. Gegenüber pulsiert, 22 Stockwerke hoch, die Zwiebelkuppel des „Dunes"; Casino de Paris, Bill's Steak House, eine Heiratskapelle: Kreditkarte genügt; Caesars Palace, Circus Maximus, Diana Ross, zwischen Rundsäulen ein römischer Centurio, farbig lackiert, den Blick streng in die Wüste gerichtet. Slot-Maschinen, rechts überholt ein weißer Mustang, Shopping Center, Wow Hamburgers; hinten sprühen die Sterne des „Stardust", Wayne Newton, Lido, Cocktails, Motel, die gelbe Parabel von McDonald's, am Nachthimmel explodiert eine Sonne, endlich das vertraute Schild der Shell-Station, dreimal so hoch wie zuhause. Las Vegas ist die einzige Stadt der Welt, deren Skyline allein aus Reklamezeichen besteht.

"In der Wüstenstadt am Highway können wir eine neue und lebensnahe Lektion über eine nicht-puristische Architektur im Dienst der Kommunikation lernen. Die kleinen Flachbauten, graubraun wie die Wüste selbst, haben sich von den Highways zurückgezogen; von ihnen haben sich die falschen Fassaden abgelöst und sich als große, hoch aufragende Zeichen in den günstigsten Sichtwinkel zur Straße geschwenkt. Wenn man die Zeichen weg-

nimmt, gibt es keine Stadt mehr. Die Wüstenstadt Las Vegas besteht nur aus dieser verdichteten Kommunikation entlang des Highways."

In Rom hatte Robert Venturi, wie viele Architektengenerationen vor ihm, die Gestaltung überschaubarer Räume gelernt. Las Vegas animierte ihn am Ende der 60er Jahre zu einem Bauprogramm, das für die offizielle Architektur wie eine Provokation wirken mußte. Le Corbusier hatte einst notiert, Architektur sei „das kunstvolle, korrekte und großartige Spiel der unter dem Licht versammelten Baukörper". Für Venturi ist die Baukunst nichts anderes als die Dekoration eines Schuppens, die Verzierung eines schlichten Kastens, ein Spiel mit Zeichen, die dem einfachen Zweckbau vorgehängt werden. Nicht die Form des Gebäudes, sondern allein seine Fassade soll eine Bank als Bank, ein Motel als Motel oder ein Rathaus als Rathaus kenntlich machen. Und wenn es denn schon ein Monument sein muß, so möge man vor der Baracke eine überdimensionale Tafel aufstellen, auf der jedermann lesen kann: „Hier steht ein großes Monument".

Venturis Plädoyer für die Rückkehr zur Fassade entlastet den Ingenieurbau von allen ästhetischen Aufgaben und wendet sich damit zugleich gegen den verkrampften Symbolismus vieler moderner Bauwerke. Um der Eintönigkeit der Kisten zu entkommen, mußte nämlich die Moderne, nachdem sie das Ornament verboten hatte, die konstruktiven Formen selbst in eine Signalapparatur verwandeln. Die glänzenden Spiegelflächen der Glaspaläste, die zu Skulpturen übersteigerten Hochbauten, die

flimmernden Tragwerke, die dramatischen Schwünge
und Zickzacklinien in Beton und die filigrane Eleganz
der Stahlkonstruktion, all dies ist nur der kärgliche Er-
satz für die allseits so verpönte Fassade. Anstatt die technische Konstruktion auf die funktionalen Zwecke zu be-
schränken, mißbraucht man sie als ästhetisches Reizmit-
tel und verstößt dadurch gegen das unverzichtbare Gebot
der Zweckdienlichkeit.

*„Die Architekten der Moderne wähnten sich völlig im
Recht, als sie ihre Bauten von allen Ornamenten reinig-
ten, schufen dann aber, ihnen selbst ganz unbewußt,
Bauten, die selbst Ornamente waren. An die Stelle der
harmlosen und sparsamen Praxis der Dekorierung eines
ganz normalen Schuppens setzten sie die fast gewissen-
lose und teure Praxis des Umkrempelns von Raumpro-
gramm und Konstruktion. Es ist gut und richtig, einen
Bau zu dekorieren, doch soll man sich hüten, eine Dekoration zu bauen."*

Die ästhetische Emanzipation der Fassade geht einher
mit der Entdeckung der alltäglichen Bilderwelt. Als spä-
tes Kind der Pop-Kunst beruft sich Venturi nicht nur auf
den Lichtzauber am Strip von Las Vegas, sondern ebenso auf die kitschigen Utensilien der amerikanischen Vor-
stadtkultur: die Wagenräder, Gitterchen, Blechadler, Rei-
terfiguren und Kutschenlampen, mit denen die weiße
Mittelschicht ihre Eigenheime verschönert. So wenig jedoch die Bilder und Objekte eines Andy Warhol, Robert
Rauschenberg oder Claes Oldenburg mit dem zufälligen
Reichtum der miserablen Alltagskunst mitzuhalten vermochten, so wenig ingeniös sind die meisten von Ventu-

ris Bemühungen, seine kunstlosen Baukisten herauszu-
putzen und ironisch auszuschmücken.

Den Containerbau eines Supermarktes tapezierte Venturi
mit einem ziemlich einfältigen Blümchenmuster, das die
Hausfrauen wohl an ihr trautes Wohnzimmer erinnern
sollte. Ein Einkaufszentrum beschriftete er, wie am Hang
von Hollywood, mit weit auseinander gezogenen, roten
Riesenlettern, als hätte der tägliche Einkauf ähnliche
Träume zu bieten wie die Filmfabrik. Auf das berühmte
„Guild House", ein Altenheim der Quäkergemeinde in
Philadelphia, setzte er eine übergroße, vergoldete Kopie
einer Fernsehantenne, um die Lieblingsbeschäftigung
der alten Leute zu kennzeichnen; eine funktionslose Pla-
stik, die freilich alsbald abmontiert wurde, weil sich die
Quäker von so viel unbedachtem Sarkasmus düpiert fühl-
ten. Gewiß, Venturis Fassaden verschmelzen nicht mit
der Gebäudeform, sondern bleiben als eigenständige, dekorative Verpackungen erkennbar. Aber ihr gewollter
Populismus, ihre inszenierte Gewöhnlichkeit ist intellek-
tuelles Mimikry. Die Baukunst, die sich, wider besseren
Wissens, humorvoll zum Vulgären herabläßt, appelliert
an die schlechte Wirklichkeit und verdoppelt sie. Daß
solch vorsätzliche Nachahmung auf wenig Gegenliebe
trifft, kann niemanden verwundern. Der Schritt von der
architektonischen Clownerie, vom gewollten Witz zur
faden Witzelei ist nur allzu kurz. Und solange die soziale
Kluft zwischen dem intellektuellen Entwurf und der alltäglichen Nutzung, zwischen Experten- und Laienkultur,
zwischen Planern und Nutzern unüberbrückt bleibt, ist

auch der feinsinnige Geschmack fürs Geschmacklose wenig populär.

Da sich die auswechselbaren Werbezeichen rasch verbrauchen, sind die Geschäftsleute von Las Vegas darauf verwiesen, ihre Sensationen mit historischen Ausdrucksformen aufzufrischen. Sie plündern die Geschichte nach neuen ästhetischen Schaueffekten, verwerten ungeniert vergangene Stilformen, wenn sie nur Aufmerksamkeit und Gewinn versprechen. Und seit Mitte der 70er Jahre befindet sich auch Robert Venturi wieder auf dem Rückweg von Las Vegas nach Rom. Nun stellt er kleine Tempelfronten vor Wochenendhäuser, spielt mit Säulen- und Pfeilerreihen oder installiert, wie am Kunstmuseum in Oberlin, Ohio, eine einzelne, voluminös aufgeblähte, ionische Säule, die keinerlei tragende Funktion hat, sondern lediglich als Denkmal ihrer selbst dasteht - ein groteskes Monument der Vergangenheit.

So befreiend Venturis bescheidenes Architekturmodell des „dekorierten Schuppens" zunächst erscheinen mag, die strikte Trennung von Ingenieurbau und Fassade, von Zweck und Ästhetik verführt zu einem zweifelhaften Spiel mit der Geschichte. Wenn nur die Fassade zu ersetzen, nur das Image auszutauschen ist, kann man überlieferte Stilelemente beliebig zitieren, sie aus ihrem einstigen Zusammenhang herausbrechen und ihrer Bedeutung berauben. Selbstverständlich ist Venturi alles andere als ein Kopist. Er benutzt die Baugeschichte als Stilbaukasten, überspringt hurtig den Zeitenabstand und baut die Versatzstücke, ironisch verfremdet natürlich, in die Collage ein. Zwar demontiert dieses Verfahren den alten Macht- und Repräsentationsanspruch, der nicht selten an den klassischen Formen haftet. Aber es bezeugt zugleich einen gesellschaftlichen Zustand. Wenn den Menschen die Zukunft abhanden kommt und die Handlungswege blockiert sind, geraten viele in die melancholische Stimmung der Beliebigkeit. Venturis postmoderner Fassadenkunst sind alle historischen Epochen gleich nah. Ob ein Portal ägyptisch, römisch oder gotisch, nach Manier des Jugendstils oder der Pop-Art gestaltet wird, ist letztlich ohne Belang. Im geschichtlosen Chaos der Gleichwertigkeit verliert sich der Sinn für die historische Wahrheit.

*

Nirgendwo wird das postmoderne Zeitbewußtsein sinnfälliger als an jenen Bauwerken, die selbst Geschichte in ihren Mauern beherbergen. Das Museum ist die Sammelstätte für überlebte Kulturwerte, ein Mausoleum für den Kunstgenuß, eine Leichenhalle für Gegenstände, die nebeneinander als tote Schaustücke aufgebahrt werden. Der frühen Moderne hatte nichts ferner gelegen, als mit ihren offensiven Provokationen, Experimenten und Utopien in den repräsentativen Sälen des Museums zu landen. Sie wollte die gesellschaftliche Entwicklung auf neue, bessere Wege bringen, um sodann die Künste mit dem Leben zu versöhnen. Und dies stand diametral zur Akkumulation der Kulturgüter in sorgsam bewachten Archiven. Seitdem jedoch die zeitlose Epoche der Postmoderne angebrochen ist, entstehen allerorten neue Kunstburgen, in denen sich der antiquarische Zeitgeist sein materielles Ebenbild schafft. Wenn die Zeit vorüber

ist, taugt die Geschichte nur noch zum Ausstellungs-
stück. Ein Beispiel für diese Tendenz ist die Staatsgalerie
des schottischen Architekten James Stirling, die im Früh-
jahr 1984 in Stuttgart feierlich eröffnet wurde.

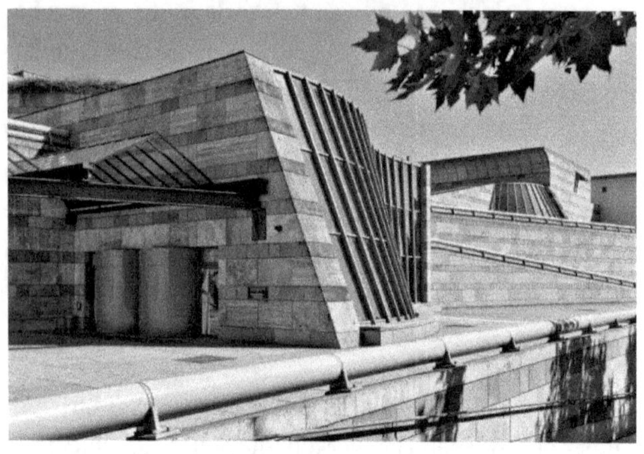

*„Ich hoffe, daß dieses Bauwerk die Assoziation an ein
Museum hervorruft, und ich möchte, daß der Besucher
den Eindruck hat, es sieht aus wie ein Museum. Als Vorläufer hierfür scheinen mir die Museen des 19. Jahrhunderts weit evokativer zu sein als die des 20. Jahrhunderts. Heute können wir, befreit von der Last Utopias,
zurückschauen und die gesamte Architekturgeschichte
wieder als unseren Hintergrund betrachten, einschließ-
lich der Moderne. Architekten haben immer schon zu-
rückgeschaut um vorwärtszukommen, und wir sollten fähig sein, wie Maler, Musiker und Bildhauer, „Repräsen-
tatives" wie „Abstraktes" in unsere Kunst einzubezie-
hen."*

Von der achtspurigen Stadtautobahn im Osten des Stutt-
garter Talkessels führt ein öffentlicher Fußpfad den

Hang hinauf, mitten durch eine bizarre, verschachtelte, sandbeige Steinlandschaft. Man durchschreitet unten ein durchsichtiges Tempelchen aus blauen und roten Eisenträgern, folgt links einer klobigen Pipeline in Bonbonblau und Pinkrosa und betritt, ein Stockwerk über der Straße, eine weitläufige Terrasse, wo sich ein Panorama der Kontraste entfaltet. Neben einem schmalen romanischen Kirchenfenster schaut ein schmuckloser gotischer Wasserspeier herab. Brandrote Drehtürtrommeln melden den Eingang ins Museum, darüber hängen an Stahlträgern drei gläserne Vordächer eines Gewächshauses. Vor einer swingenden Glaswand, die sich, wie ein vom Wind geblähter Vorhang, vor das Foyer wölbt, betrachten die Besucher ihre verzerrten Spiegelbilder. Daneben prüft jemand die Solidität der gemaserten Puffsteinplatten, die überall die Betonmassen verdecken. Eine zweite popschrille Röhre verleitet zum Weitergehen, eine Rampe hoch, noch eine Biegung, ein paar Schritte durch einen engen Korridor, und man schaut in den offenen Krater der Rotunde hinunter, dem monumentalen Mittelpunkt der Anlage, an dem sich das Museum der Öffentlichkeit präsentiert.

Die Rotunde, der zentrale Rundbau, hat eine ehrwürdige Tradition. Stirling pflegte in seinen Vorträgen stets Karl Friedrich Schinkels Altes Museum in Berlin zu erwähnen, doch in Wahrheit ist dieses Baumotiv sehr viel älteren Datums. Schon der französische Revolutionsarchitekt Etienne-Louis Boullée entwarf 1783 ein Museum mit einer gigantischen Rotunde in der Mitte, und ein Kupferstich aus dem 16. Jahrhundert zeigt die Ruine des

römischen Augustus-Mausoleums, ein heroischer Rundbau im Zustand des Verfalls.

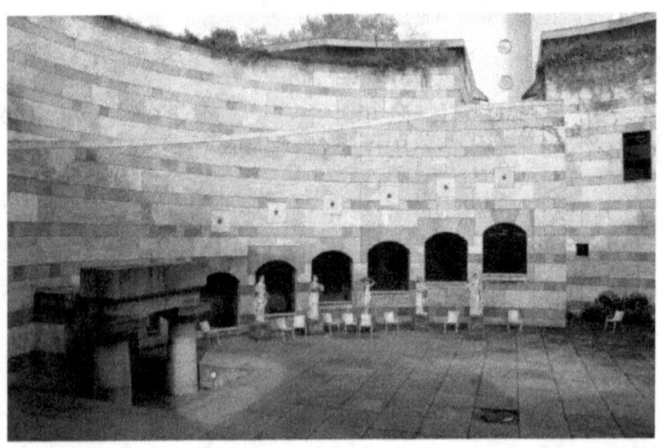

Stirling, dem diese Vorgeschichte keineswegs unbekannt
ist, hat allerdings nichts unversucht gelassen, um einfäl-
tige Erinnerungen an vergangene Größe gründlich zu
durchkreuzen. Mauerdurchbrüche durchlöchern die hohe
Innenwand und geben Ausblicke nach draußen; ein kur-
zes Stück Pipeline in grellem Eisblau steht in scharfen
Kontrast zum beigen Naturstein. Im Hof sind klassizistische Figuren aufgereiht, die aus der Höhe wie winzige
Porzellanpüppchen aussehen. Zwischen zwei litfaßdik-
ken, dorischen Sandsteinsäulen flackert eine feuerwehr-
rote Türtrommel, halb in einer Grube versenkt. Die Kopie des klassizistischen Grabmals ist der Einstieg in die
Unterwelt des postmodernen Kunstmausoleums. Das historische Schatzhaus scheint sich selbst zu karikieren.

Aber nicht nur die Rotunde, das gesamte Museum ist eine Collage von repräsentativen und modernen Elementen, ein eklektisches Cluster krasser Stilbrüche. Dem
ägyptischen Tempelgesims über der Skulpturenterrasse

ist eine grün eingefaßte Glaswand vorgesetzt. Die poppigen Pipelines der Rampen und Terrassen durchziehen wie leuchtende Querstriche die klassisch kompakte Landschaft aus Naturstein. Metall und Glas, Farbe und Technik verspotten jede Monumentalität. Im Foyer schockiert den Besucher ein penetrant grüner Fußboden mit Gumminoppen, wie man ihn aus den Umkleidekabinen der Schwimmbäder zu kennen glaubt. Ein gläserner Fahrstuhl gleitet zur Saalflucht der Galerie hinauf, dem einzigen Ort, an dem das klassizistische Vorbild fast unverändert wiederkehrt. Ungestört ruhen hier, in kaltweißen Räumen, von denen kein Nebenweg abführt, die wertvollen Objekte der modernen Kunst. Das scherzhafte Verwirrspiel mit der Architekturgeschichte endet hier, im Totenhaus der Moderne.

Stirlings freches Zitatenmuseum ist ein Panoptikum der Baugeschichte. Es will die Zeit selbst sichtbar machen, Geschichte unmittelbar zur Darstellung bringen. Und zugleich soll das postmoderne Kunstmuseum all das reparieren, was die moderne Stadtsanierung unwiederbringlich vernichtet hat: die Präsenz der Vergangenheit und die Gleichzeitigkeit von Ungleichzeitigem. Aber wie jede Zeit ihre Geschichten neu ersinnt, so rettet auch das Museum nicht die Vergangenheit, sondern erschafft sie von Neuem. Die Staatsgalerie ist kein klassizistisches Monument, wie manche voreiligen Kritiker gemurrt haben, sondern eine postmoderne Schaubühne, die kaum einen Fehlgriff in die Zitatenkiste ausläßt. Nur die gotischen Spitzbögen an der Innenwand der Rotunde hat man Stirling noch rechtzeitig ausreden können.

Daß selbst die veraltete Moderne nur noch als Vorlage
für eine architektonische Parodie taugt, beweist Stirling
am Ende des öffentlichen Fußwegs. Hinter der Rotunde
erhebt sich der Stelzenbau des Verwaltungsgebäudes, eine schmunzelnde Anspielung auf ein Wohnhaus Le Corbusiers in der Weißenhofsiedlung, gegenüber am Stutt-
garter Killesberg. Die langen Fensterbänder hat Stirling
jedoch knallgelb lackiert, und zwischen den grazilen
Stelzenbeinen wellt sich wiederum ein grüner Glasvor-
hang. Daneben stehen zwei monströse Luftansauger,
grün und blau angestrichen, Reminiszenzen an die Kul-
turfabrik des Pariser "Centre Pompidou". Für Stirling
sind die modernen Elemente selbst schon zitierfähige
Bruchstücke der Baugeschichte.

Wider Erwarten ist auch die Postmoderne nicht die letzte
Ära der historischen Zeit. Stirling erinnert die Gegenwart
an ihre eigene Vergänglichkeit. Er hat die Steinplatten
absichtlich unpräpariert gelassen, um ihre natürliche
Verwitterung nicht zu behindern. Und unten, an der
Frontwand zur Stadtautobahn, liegen einige Steinquader
auf der Erde verstreut, als habe die Druckluft der Tiefga-
rage sie aus der Wand herausgepreßt, ein ironisches
Vorzeichen auf eine monumentale Museumsruine.

Mit souveräner Attitüde verfügt Stirling über den Zitatenschatz der europäischen Baugeschichte. Frei von formalen Verpflichtungen kombiniert er die Kontraste, setzt
dissonante Akkorde, variiert die Leitmotive, durchbricht
immer wieder den Rhythmus der Räume und überrascht
mit verblüffenden Farbklängen. Aber im Gegensatz zur
Musik und zur Sprache, die beide in der Zeit verlaufen,

ist Architektur die Kunst, Räume zu konstruieren und soziale Orte zu gestalten. Während die Geräusche, Töne und Wörter kommen und gehen, überdauert das Bauwerk den Wechsel der Zeitpunkte. Daher erklärt sich, weshalb das postmoderne Programm, Architektur wie eine Sprache, wie eine Zeitkunst also, zu begreifen, von vornherein zum Scheitern verurteilt ist. Der von Stirling, Venturi oder Moore so geschätzte architektonische Witz, die schockierende Opposition der Zitate, Materialien und Formen, verliert schon beim zweiten Blick seine Wirkung. Die Pointe verpufft, der Gag wird schal. Dem architektonischen Witz ergeht es wie jedem Witz, den man zum zweiten Mal hört. Die Überraschung ist dahin, das Gelächter gefriert, zurück bleibt ein leeres Symbol.

*

Nur notdürftig verbirgt die ironische Maskerade den alten Wunsch nach Monumentalität. Was die angelsächsische Postmoderne noch mit mehr oder minder scherzhaften Collagen zu kaschieren versucht, wird in den romanischen Ländern bitterer Ernst. Ein Vorreiter des nachmodernen Gigantismus ist der Katalane Ricardo Bofill, der seit den 1970er Jahren mit einem 50-köpfigen Team von Ingenieuren, Designern, Literaten und Theaterleuten am Neubau der Pariser Stadtregion beteiligt ist. In der Nähe des Bahnhofs Montparnasse entstand ein neubarocker Wohnblock in Gestalt eines Amphitheaters; in der Peripherie von Paris erbaute Bofill zwei Wohnanlagen, den „Palacio d'Abraxas" in der neuen Vorstadt Marne-la-Vallée sowie die „Arkaden am See" in der Nähe von Versailles.

Unweit der Bahnlinie nach Chartres steht am Ufer eines künstlichen Sees ein prächtiger Palast. In strenger Symmetrie sind seine Flügel entlang der Längs- und Querachsen zu rechtwinkligen Blocks gefügt, an den Ecken öffnen schmale Tore diagonale Durchblicke auf bepflanzte Alleen. Lehmbraun, ocker und rosa sind die Fassaden eingefärbt, eine noble Kulisse, drei Geschosse hoch, darüber eine Attika. Die langen Arkadengänge im Erdgeschoß treffen sich, im Zentrum der Anlage, an einem Rondell. Zwei Kinder kurven am Rande des Platzes auf ihren Dreirädchen umher, wagen sich nie in die Mitte zu dem kleinen Tempel, obwohl der Platz menschenleer ist. Ihre Mutter hockt regungslos auf einer Treppenstufe. Kein Auto, kein Fußgänger, kein Laden, keine Arbeitsstätte, kein Bistro, kein Geräusch. In der flimmernden Mittagehitze scheint die Zeit still zu stehen. Es ist, als stiege am Horizont der grauweiße Rauch der Lokomotive zum Himmel, als werfe die unsichtbare, schweigende Statue ihren schweren Schatten auf den geplatteten Boden. Ein Totenschloß, das von Angestellten bewohnt wird. Das Versailles des Königs liegt nur sechs Kilometer entfernt. Weiter unten, am Ende der Mittelachse, ragen die sechs Wohnblöcke des Viadukts in den See hinaus. Massive Pfeiler, Querbalken, hohe Rundbögen, Balkone und Fenster spiegeln sich Punkt für Punkt in der bewegungslosen Wasseroberfläche. Das Monument antwortet sich selbst. Die Einwohner hier wissen, daß all ihr Tun sein Spiegelbild hat, und dieses Wissen verbietet ihnen, sich auch nur für einen einzigen Augenblick dem Zufall auf der Straße hinzugeben.

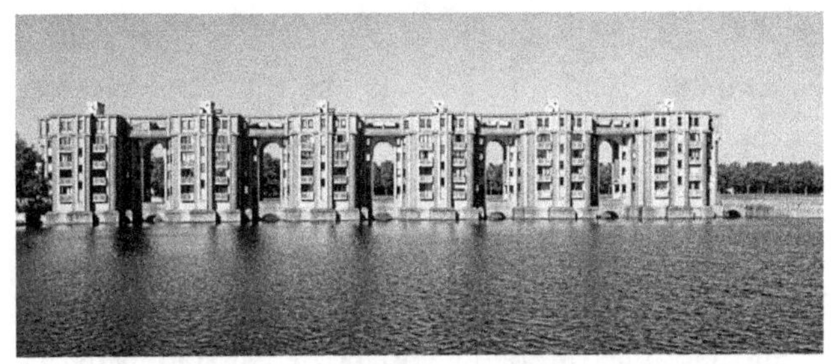

„Der Viadukt ist ein symbolisches Projekt. Es war meine Absicht", so Bofill, *„eine Architektur zu bauen, die einen Kontrapunkt zum See darstellt, einen Wohnraum in gerader Linie über dem Wasserspiegel als Kontrast zum Wegenetz der Gartenstadt. Dies entsprach einigen Ideen, von denen wir seit langem verfolgt wurden: Linien, Punkte und Kreise als Wohnräume, ein Viadukt als Wohnraum über dem Wasser oder als Brücke über einem Tal. Seit meiner Jugend fasziniert mich, wie der römische Viadukt von Segovia oder der Pont du Gard dem städtischen Chaos eine Ordnungsstruktur auferlegt. "*

Besessen von Ordnungswut waren freilich nicht nur die Baumeister der römischen Kaiserzeit. Man findet das rechtwinklige Straßenraster, die zentralen Kreise, diagonalen Alleen und monotonen Arkadengänge in Versailles und in Karlsruhe wieder, in den Stadtutopien des Barock und im Pariser Stadtplan des Baron Haussmann. Immer garantieren diese geometrischen Strukturen eine totale Sichtbarkeit, eine optische Ordnung, welche die absolute Herrschaft des Souveräns demonstriert. Bofills postmoderner Arkadenpalast am Kunstsee genügt restlos dem technokratischen Geist einer Ordnungsmacht, die auf dem flachen Lande eine neue Städte aus der Retorte erstellt, um die Menschen unter Kontrolle zu halten. Nicht ohne Grund wurde Bofill vom früheren Staatspräsidenten Giscard d'Estaing zum „besten Architekten der Welt" gekürt.

Für die verlorene Freiheit werden die Bewohner mit dem Blendwerk der Fassaden entschädigt. Bofill hat den Zementpalast mit sorgfältig vorfabrizierten, farbigen Betonelementen verkleidet, mit imposanten Säulen und Lauben, hübschen Balkonen und hohen Fenstern. Doch nicht der Innenraum bestimmt, wo die Fenster angebracht sind, sondern die Ästhetik der Außenfront. Die meisten Balkone sind Attrappen, die Bögen und Säule Fundstücke eines Raubzugs durch die Baugeschichte. Die Grundregel der modernen Architektur, man solle von innen nach außen bauen, der Nutzung Vorrang vor den Formen einräumen, ist geradezu auf den Kopf gestellt. Hinter der prachtvollen Front hat sich das Leben in knapp geschnittenen Wohnungen einzurichten, eingeklemmt in die vorgefertigten Gehäuse. Daß die Sozialwohnungen so raschen Absatz fanden, lag weniger an der Attraktivität des Wohnraums, als vielmehr an der Atmosphäre, die die kompakte Anlage ausströmt. Die massiven Fassaden versprechen Sicherheit, Schutz und Beständigkeit, Würde und Glanz. Nun endlich kann der kleine Mann sein Versailles bewohnen.

Bofill beschränkt sich jedoch mitnichten auf die repräsentative Ausschmückung der Außenseite, sondern verleiht den Gebäuden insgesamt die Gestalt historischer Prachtbauten. Zunächst beraubt er die überlieferten Bauformen ihrer alten Bedeutung und füllt dann die leeren

Modelle mit Wohnungen auf. Der Viadukt ist keine Wasserleitung und keine Brücke, sondern ein bewohntes Denkmal, der Palast kein Fürstenschloß, sondern eine Neubausiedlung, das Amphitheater am Bahnhof Montparnasse keine Schaustätte, sondern ein Behälter für 274 Wohnungen. Die historische Gebäudeform ist nur das prunkvolle Maskenkleid für den schäbigen Alltag, eine hohle Geste der Beschwichtigung. In Bofills Monumenten der Eitelkeit gerät Geschichte zum Massenbetrug.

Als pompöse Stadtkrone thront das Zauberschloß „Abraxas" über den Pyramiden, Supermärkten, Garagen und Autorampen der neuen Vorstadt Noisy-le-Grand im Tal der Marne. Von fern, von der Autobahn nach Reims, sieht man zwischen anderen Blocks den mächtigen Koloß, achtzehn Etagen hoch, mit gigantischen Säulen, die je zwei Fensterreihen einfassen. Mehrstöckige Dachgeschosse lasten, wie auskragende Architrave, auf dem Baublock, als sei der Schwerpunkt von unten noch oben versetzt, Segmentbögen, Pilaster, Kreise und Quadrate zieren die graugrün verputzten Giebel an den offenen Seiten. 440 Wohnungen birgt diese gewaltige Trutzburg. Gegenüber präsentiert sich das bewohnte Amphitheater. In den Säulen der Außenfront fahren Fahrstühle auf und nieder. Ein schmaler Schlitz zieht den Besucher ins Innere, drei begrünte Stufen führen hinunter in der sternförmig eingelegte Arena. Wer sich hier umwendet, erblickt eine schwindelerregende Kulisse: ringsum funkelnde Glassäulen, vertikale Fensterreihen, ein neun Stockwerke hohes Halbrund, das sich plötzlich zu drehen beginnt. Hinter den Glasspiegeln tauchen Gesichter auf, auf dem

Dach tanzen die Spitzen der Zypressen zwischen den Wolken; wenn nur die wuchtigen Kämpferplatten über den Säulen nicht herabrutschen. Aber die Bühnenwand steht gerade, umschließt schützend die Arena, in deren Mitte ein grandioser Triumphbogen aufragt, auch er neun Geschosse hoch, ein protziges Siegestor voller Wohnungen.

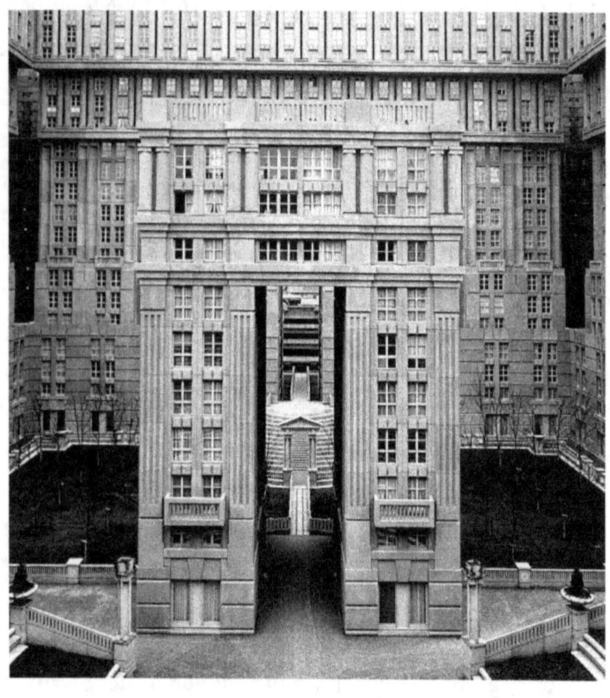

„Wenn ich hier einen Triumphbogen in die Platzmitte stelle, mache ich ihn zum Gelenk, das den Wechsel der Größenmaßstäbe ermöglicht. Zugleich bedeutet er das Ende des Triumphbogens als alleinigen Durchzugort für Könige und Diktatoren. Ich kehre zum Ursprung zurück

*– der Mensch errichtet zwei Pfeiler, legt eine Platte dar-
über - gebe ihm einen anderen Sinn. Warum aber die
Monumentalität? Ich pflege sie nicht systematisch, nur
für bestimmte Situationen. In den neuen Städten, wo sich
das urbane Gewebe völlig aufgelöst hat, sind gliedernde
Anhaltspunkte erforderlich, die das Alltagsleben aufwer-
ten können. Wenn schlechte Architektur die Leute zu ge-
sichtslosen Drohnen herabmindern kann, dann kann gu-
te Architektur sie zu Prinzen erheben. Urbane Siedlun-
gen erlauben keinen Humor. Man braucht Theatralität.«*

*

Daß der postmoderne Monumentalismus auch ganz ohne
falsche Schaueffekte auszukommen vermag, bezeugen
die Projekte des italienischen Rationalisten Aldo Rossi.
Gegenüber Bofills barocken Welttheatern wirken Rossis
Entwürfe karg, streng und kühl. Kein Ornament stört die
glatten, relieflosen Flächen, kein spektakuläres Symbol
beschmutzt die reinen, asketischen Formen. Rossis Architektur beugt sich ganz den Gesetzen der Geometrie,
der Grammatik einer sparsamen Formensprache, die nur
sorgfältig ausgewählte Wörter enthält.

*»In meinen Entwürfen und in dem, was ich schreibe,
versuche ich mir eine rigorose Welt mit wenigen Gegen-
ständen vorzustellen; eine Welt, die in ihren wesentli-
chen Elementen schon festgelegt ist.«* Übervoll scheint
die Welt übervoll von Zeichen und Dingen zu sein, von
Gedanken, Erinnerungen und Geschichten. Zwischen
Geräuschen, Farben und Bildern streift der Stadtbewohner umher, auf der Suche nach vertrauten Wegmarken,

Straßenecken, Türmen, Denkmälern, die im Gedächtnis haftenbleiben. Wenn sich die Ordnung aufzulösen beginnt, stiftet allein das Monument Sinn und Dauer. *„Eine Erfahrung dieser Art machte ich"*, so Rossi, *„in den Nachkriegsjahren mit dem Kölner Dom inmitten der zerstörten Stadt. Nichts hätte für die Phantasie dieselbe Bedeutung haben können wie dieses von Ruinen umgebene, beinahe unversehrte Bauwerk. Auch wenn der Wiederaufbau der Stadt ringsum in seiner Beliebigkeit und Häßlichkeit gewiß bedauerlich ist, so hat auch er dem Dom als Bauwerk ebensowenig anhaben können wie ihre schlechte Darbietung den Objekten vieler Museen."*

Als Zeugen der ewigen Gegenwart berichten die Monumente von der Kontinuität der Stadt. Sie stützen die kollektiven Erinnerungen, faszinieren, ohne sich je zu bewegen, die Blicke und Gedanken. Für die Nachgeborenen werden es vielleicht die Schornsteine, Gasometer, Bahnhöfe und Schlachthäuser der heutigen Stadt sein, die neben den alten Marktplätzen und Kathedralen die Merkpunkte in der archäologischen Landschaft bezeichnen. Auch sie sind zum Denkmal versteinerte Bauwerke, die dem belebten, fließenden Raum die Identität in der Zeit verleihen.

Seinen Zeichen- und Gedächtniswert verdankt das Monument seiner hervorgehobenen Lage im Gefüge der Stadt - und seiner unverkennbaren Gestalt. Aquädukte, Amphitheater, Pagoden oder Kirchtürme sind ebenso typologisch vorgeprägt wie die kleineren Dinge des Alltags, wie die Teekanne, der Löffel, die Pfeife, deren Zweck sich unmittelbar an der Form ablesen läßt. Längst hat die Geschichte die Funktionen in typische Formen gegossen, die Gebrauchswerte in die Geometrie eingeschmolzen. Und daher scheint auch an den formalen Grundfiguren ein elementarer, geradezu archetypischer, architektonischer Sinn zu haften. Der Zylinder ist das Schema für die Säule, das Dreieck die Schablone für das Pultdach. Der Würfel läßt an das Haus denken, und im Quadrat findet das Fenster ein Maximum an Gleichgewicht und Einfachheit. Für den Rationalisten Aldo Rossi verkörpern die Formen, jenseits aller geschichtlicher Veränderung, eine ideale Bedeutung. Sie sind die konstruktiven Bausteine, die festgelegten Buchstaben eines Alphabets, die jeden von seinen Entwürfen zu einer Erinnerung werden läßt.

„In meinen Wohnhausentwürfen beziehe ich mich auf die grundlegenden Typen des Wohnens, die sich in einem langen Prozeß der Stadtarchitektur gebildet haben. Ich bin geneigt zu glauben, daß die Typen der Wohngebäude sich seit der Antike bis heute nicht verändert haben. Das Laubenganghaus ist ein antikes Schema, das gegenwärtig ist in allen städtischen Häusern, die wir analysieren; ein Gang, der Zimmer erschließt, ist ein notwendiges Schema.“

Aber die Liebe zur zeitlosen Geometrie bringt, wie man aus der Verfallsgeschichte des modernen Städtebaus hinlänglich weiß, fatale Konsequenzen mit sich. Ein willkürlich, vorsätzlich errichtetes Monument, das die Erinnerungen synthetisch erzeugen soll, mißbraucht die Einfachheit der Form zur Überwältigung der Menschen. Wer der Geschichte nicht mehr zutraut, daß sie selbst ihre Denkmäler hervorbringt, muß selbst die Monumente erschaffen: einprägsame, eindrucksvolle, bezwingende Bauten, deren Übermacht niemand entrinnen kann. Rossis erstes Großprojekt, der 1973 fertiggestellte Wohnblock Gallaratese im Nordwesten von Mailand, weckt unvergängliche Erinnerungen an die Architektur der Kontrolle. Nur wenige Kameras würden ausreichen, um die endlosen Gänge fortlaufend im Auge zu behalten.

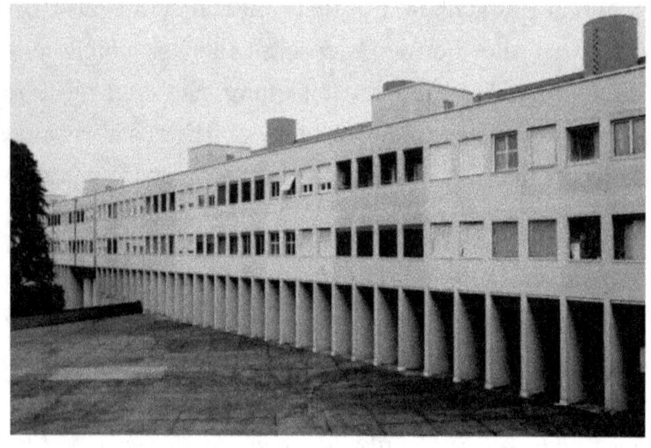

Über eine Länge von 182 Metern erstreckt sich die viergeschossige Wohnzeile. An der glatten, hell verputzten Frontseite des extrem lang gedehnten Flachbaus reiht sich Fenster an Fenster, Quadrat an Quadrat, ein nicht enden wollendes Band von Öffnungen, die tagsüber meist von Jalousien verdeckt sind. Nur in der Abendsonne, nach der Rückkehr von der Arbeit, sind einige Fenster besetzt. Getragen wird der Baublock von einer dichten Reihe schmaler Stützwände, die das Erdgeschoß, wie die Schottenwände im Bauch eines Schiffes, in immer gleichen Abständen gliedern und so den ausgestreckten Baukörper in einem stillstehenden Schwebezustand halten. Wie die Gitterstäbe eines Zellengangs schraffieren die Stützwände den graukahlen Betonboden mit ihren harten Schlagschatten, ein schnelles, unaufhörliches Stakkato aufgereihter Querlinien. Auf einmal springt, mit wehendem roten Röckchen, ein kleines Mädchen hinter einer der Wände hervor, treibt seinen Reifen durch die leere Arkadenhalle, hüpft behende von Schatten zu Schatten und verschwindet zwischen vier gewaltigen Säulentrommeln im Treppenhaus. Oben, auf der Etage angelangt, blickt der Verfolger einen lichten Laubengang hinunter. Die zahllosen Fenster an der Längswand sind alle abgedeckt, ein einzelner Blumentopf liegt zerbrochen auf dem Boden. Ganz hinten scheint eine Tür ins Schloß zu fallen. Jetzt erst bemerkt er, daß auch die anderen Türen alle verschlossen sind. Der Laubengang ist ein Korridor, in den kleinen Wohnungen mit ihren zwei Zimmern gibt es keine Kinder.

Rossis Wohnblock in Gallaratese ist ein Monument der Entfremdung. Die rigoros entleerte, auf Archetypen reduzierte Architektur wiederholt monoton dieselben Elemente. Der Bau gewinnt seine einschüchternde Größe nicht, wie die Paläste Bofills, durch die maßlose Ausweitung des Raumvolumens, sondern durch die Technik der extremen Wiederholung. Aus der regelmäßigen Ordnung der Quadrate, Zellentüren, Spundwände und Schattengitter gibt es kein Entkommen. Die Räume sind ebenso auswechselbar wie ihre Insassen. Die verlassene Arkadenhalle sperrt sieh mit ihrer eintönigen Feierlichkeit jedem spontanen Spiel. Der sonnendurchflutete Laubengang, dieses notwendige Schema, das in der Lombardei eine lange Tradition hat, ist nur ein schmaler Korridor, ein Ort der Ungeselligkeit, der Klaustrophobie. Wie Schlafwandler eilen die Vorstädter Morgen für Morgen und Abend für Abend zwischen ihren Autos und den Zellen hin und her. Ihr Gedächtnis ist überfüllt, von der ewigen Wiederkehr der Arbeit, der Wahrnehmungen und Gedanken. Die Welt, in der alles schon festgelegt ist, ist längst Wirklichkeit.

Der Rückzug der Architektur aus dem sozialen Leben und seiner Geschichte findet seinen logischen Endpunkt im Totenreich absoluter, zeitloser Klarheit. Anfang der 1970er Jahre wurde an Rossis wohl symbolträchtigstem Projekt gebaut, der Erweiterung des Friedhofs San Cataldo in Modena. Immer wieder hat Rossi, über die Jahre hin, den Entwurf abgeändert und ergänzt; unzählige Skizzen, Tuschzeichnungen, Lichtpausen und Collagen zeigen seine Suche nach dem Ursprung, nach den ästhetischen Grundgesetzen, den primären Formen der Baukunst. Doch beendet wurde der Bau nie. Niemand wurde je in dem zentralen Beinhaus beerdigt.

Rings um die rechtwinklige Friedhofsanlage verläuft, parallel zur Außenmauer, ein geradliniger Säulengang. Wie in Gallaratese werfen die schmalen Stützwände ihre düsteren Schattenlinien auf den glattgrauen Sichtzement. Doch diesmal tragen sie keine Wohnzellen für lebende Insassen, sondern stützen das Wohngehäuse der Toten, die Grabkammern für die Aschenurnen. Eine Serie immer gleicher Fensterquadrate begleitet die Galerie der Nischen. Überdacht sind die Kolumbarien von einem endlosen, sichtbaren Dachgestühl aus nackten Eisenträgern, das mit blaulackierten Aluminiumplatten abgedeckt ist. In der Gegenwart des Todes hat die Architektur auf jede Abwechslung verzichtet, jeden Unterschied nivelliert.

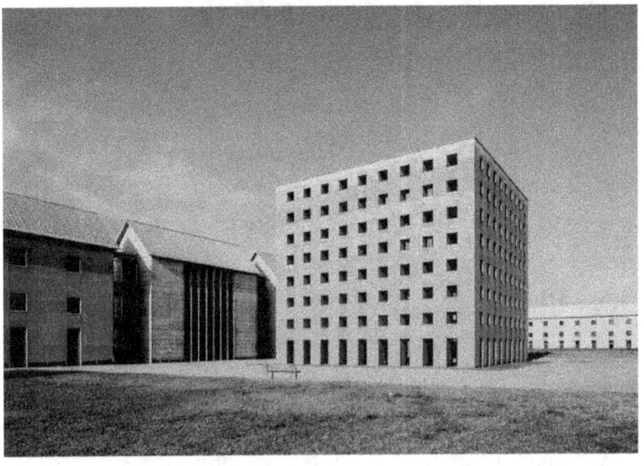

Gleich hinter dem Zeilenbau erhebt sich ein sieben Stockwerke hohes Haus aus rotorangenen Backsteinziegeln, ein Wohnblock aus der Vorstadt. Aber der Neubau ist unbewohnt, es ist ein gigantischer Würfel, ohne Dach, ohne Innengeschosse, das blanke Skelett der Außenwände nach dem Feuer. In dem offenen Innenhof in der Mitte kann man auf das Raster der leeren Gräber in den oberen Stockwerken hinaufschauen. An der Innenwand ist nur ein Gerüst aus Gitterrosten an der Mauer verankert, von dem man auf das Ehrenmal für die Kriegsgefallenen hinabsieht. Durch die Schießscharten der Fensterhöhlen fallen gleißende Lichtstrahlen in den Raum.

„Das viereckige Bauwerk mit seinen regelmäßigen Fenstern entspricht einem Haus ohne Etagen und Dach. Die Fenster sind einfach Öffnungen in der Mauer. Es ist das Haus der Toten; architektonisch ein unvollendetes und somit verlassenes Haus. Dieses unvollendete und verlassene Haus ist eine Analogie zum Tod.“

Von dem Ehrenmal führt eine leere Straße hinüber zu einem gedrungenen Riesenkegel, der wie ein rauchloser Schornstein hinter den Parallelzeilen der Beinhäuser emporragt. Sein innerer Kreis birgt das anonyme Massengrab und eine Versammlungsstätte. Wie in einer Arena sind die Sitzstufen in konzentrischen Ringen angeordnet. Oben erblickt man durch den engen Kreis des Schlotes das gleichgültig strahlende Blau des Himmels. Hierher kommen die Menschen, um ihres gemeinsamen Schicksals zu gedenken. Nur die wenigsten wissen, daß neben dem neuen Friedhof eine alte jüdische Grabstätte liegt; der Fabrikschlot ist auch ein Denkzeichen für die Krematorien der Vernichtungslager. Doch die Mehrzahl der Besucher kehrt nach kurzer Besinnungszeit in den Lärm des Alltags heim.

„Ich dachte daran, den Friedhof in einer rationalen Auffassung des Todes zu gestalten, als eine Unterbrechung des Lebens. Deswegen versuchte ich, ein verlassenes Haus mit leeren Fenstern darzustellen, eine Fabrik mit einem Schlot, wo die Arbeit unterbrochen wurde.“

Die Fabrik, die Arena, das leere Wohnhaus, die Straße, die Arkadengänge, die Siedlung des Beinhauses: Der Friedhof San Cataldo ist eine Stadt im Negativ, eine Nekropolis. Wie in der Stadt der Lebenden wohnen Menschen hier dicht zusammengepfercht in engen Kammern und Zellen. Vormittags drängt sich eine unsichtbare Menge durch die Säulenhallen, wo fliegende Händler auf rohen Holzständen ihre Waren ausgebreitet haben. Aber niemand bleibt stehen und betrachtet die Dinge, niemand kauft etwas, der Strom der Passanten reißt alle nach vorwärts. Nachmittags, wenn das Wetter schön ist, sieht man draußen im Freien einige Fußgänger zwischen den grünen Erdgräbern umherschlendern. Vor einer Steinplatte beugt sich jemand nieder und entziffert verwundert seinen eigenen Namen. In dieser Stadt der Erinnerung ist die Zeit zur ewigen, ziellosen Gegenwart zusammengeschnurrt. Alles ist notwendig geworden. Die strengen Formen der Architektur, die Quadrate und Linien, der Würfel, der Kegel und der rechte Winkel dulden keine Ausnahme, keinen Zufall. Der Kreis der Geschichte hat sich geschlossen. Am Ende der Zeit ist die Baukunst zu ihrem Ursprung zurückgekehrt.

Jerusalem, Babylon, Dis.
Architektur im Jenseits

Auf dem dritten Kapitell der Südgalerie des Kreuzgangs von Moissac sieht man eine Stadtmauer, die von Zinnen bekrönt ist. Sie umzieht den gesamten Steinblock. Über den vorspringenden Toren erheben sich Türme mit kleinen Fenstern. Hinter den Zinnen stehen sechs Figuren. Auf der Nord-, Ost- und Südseite des Doppelkapitells halten sie einen Gegenstand in der Hand, der wie ein gefüllter Geldschlauch aussieht. Der ausgestreckte Zeigefinger weist stets nach unten. Auf der Westseite blicken die Gestalten zum Himmel. In den Ecken der Ostseite steht an beiden Toren eine Inschrift: Babilonia Magna.

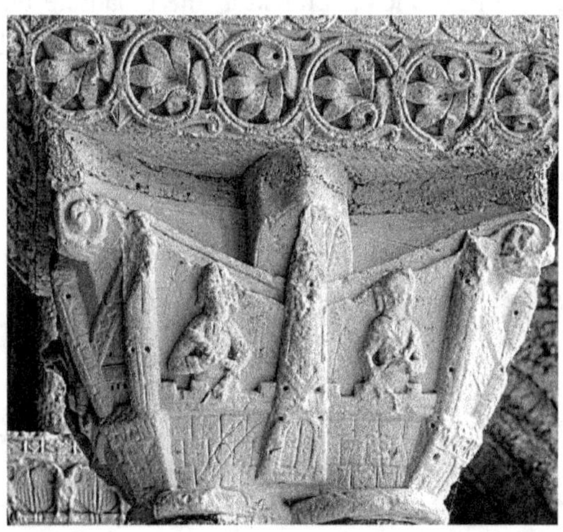

Die hohen Türme, die bis an den Kelchrand reichen, sprechen vom Hochmut des großen Babylon. Seit dem Propheten Jesaja gilt die Stadt als Sündenpfuhl der Wollust, die den Zauberern verfallen sei. In der Offenbarung des Johannes ist sie das Ziel göttlichen Zorns. Sie ist die Mutter der Huren und aller weiteren Greuel auf Erden. Und daher muß sie am Zeitenende untergehen, dieses „Behältnis aller unreinen Geister" und „aller unreinen und verhaßten Vögel". Gottes Zorn wird alle Heiden treffen, alle Könige auf Erden, die dort gehurt haben, alle Kaufleute, die dort reich wurden. Babel ist der Inbegriff der bösen Stadt. Die kleinen Bohrlöcher im Stein dienten zur Anbringung von Dekor wie kleinen Metallplättchen.

Von der Großstadt der Verderbnis unterscheidet sich Jerusalem nur geringfügig. Wenige Schritte weiter erkennt man auf dem neunten Kapitell der Südgalerie ebenfalls eine Mauer mit Zinnen. An jeder Ecke ragt ein Turm in die Höhe, an den breiteren Kapitellseiten ist ein Tor eingelassen. Der Wehrgang wird von einer Brüstung bekrönt, die oberhalb eines Gesimses mit Kragsteinen verläuft. An den Zinnen ist die Inschrift angebracht: Jerusalem Sancta - Heiliges Jerusalem. Eine Figur an der Südseite hält in der Linken eine Lanze, im Norden dreht sich ein Mann nach links und zeigt auf die Westseite. Hier stehen zwei Männer mit umgeworfenen Umhängen, einer hält eine Lanze. Unter der Konsole der Ostseite scheint ein Anführer eine Anweisung zu geben. Sein Umhang wird in der Mitte von einer Fibel zusammengehalten. Zu seiner Linken hält ein anderer eine Art Buch hoch, der Mann rechts scheint ihm zuzuhören. Ob hier David dem weisen Salomon den Befehl erteilt, den Tempel zu bauen, läßt sich zuletzt nicht entscheiden.

Kapitelle, zumal diejenigen der Süd- und Westromanik,
bieten der Gestaltung des Imaginären ein weites Feld.
Mythos und Dekor sind aufs Engste verknüpft. Inmitten
der Szenen aus dem Alten oder Neuen Testament haben
die heidnischen Halbgötter und Dämonen überlebt. Die
klassischen Voluten sind häufig durch die Köpfe von
Menschen oder Tieren ersetzt, von Widderhörnern,
Pflanzenknollen, gerollten Blattspiralen. Mitten im ko-
rinthischen Blattwerk tummeln sich geflügelte Götter,
Nymphen und Engel, Greifen, Kentauren, Sphinxe oder
Sirenen. Fauna und Flora sind manchmal grotesk verknüpft. Der Bart eines Hauptes ist eingerollt, Köpfe wachsen aus Blättern hervor, Löwenschwänze sind in Blatt-
ranken, Blätter in Vogelflügel verwandelt. Die Meta-
morphose der Gattungen zeugt von der Vielfalt phanta-
stischer Kombinationen.

Dagegen nimmt sich die Vorstellung imaginärer Gebäude eher bescheiden aus. Eine Mauer, Zinnen, Tore, hohe
Türme, dies sind die wenigen architektonischen Elemente, die sowohl für die Darstellung der idealen Stadt der
Ewigkeit wie für das vergängliche Sündenbabel verwendet wurden. Offenbar genügte die Wirklichkeit des frühen Festungsbaus, um der Einbildungskraft einen Ort zu
geben.

Ihre Vollendung fand die Idee des himmlischen Jerusalem indes nur wenige Meter weiter in einem wirklichen
Bauwerk, dem Hochsaal im Obergeschoß des Clocher
porche, des mächtigen Wehrturms des Klosters Moissac.

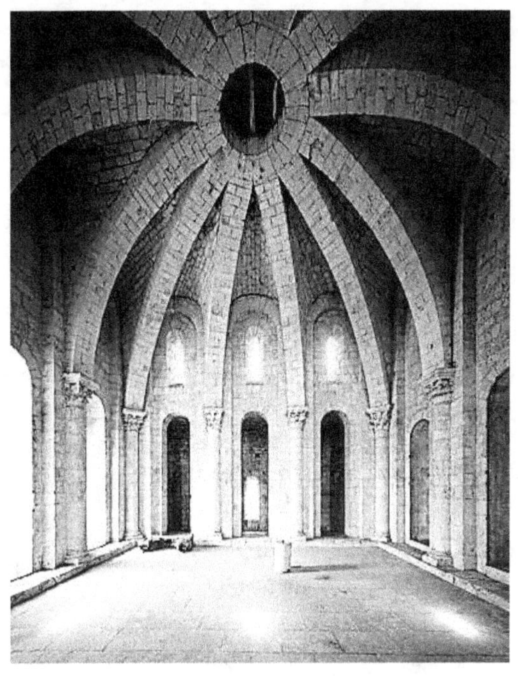

Die Salle haute ist ein quadratischer Raum, dessen Seitenlänge knapp neun Meter beträgt. Kräftige Pfeiler markieren die vier Ecken, die Wände sind durchbrochen. Zwischen den getreppten Pfeilern öffnen sich auf jeder Seite drei hohe Arkadenbögen. Ursprünglich strömte das Licht von allen vier Seiten in den Saal, da sich die Arkaden rundum nach außen öffneten. Nach der Verstärkung des Turms, der Anfügung der Kirche im 12.Jahrhundert und dem Aufbau einer Glockenstube, sind die Arkaden nur noch zur Westseite offen. Auch der Okulus im Zenit des Gewölbes, durch den einst das Tageslicht eindrang, ist nun verdeckt.

Die Phantasie der heiligen Stadt bedarf keines Dekors, keines Ornaments, keines Bildes. Der Hochsaal ist ein Raum sans phrase, reine Architektur. Jedem Pfeiler ist eine Halbsäule vorgeblendet, die in einfachen Blatt- und Fruchtkapitellen enden. Darüber steigen die Rippen konzentrisch zur Mitte auf. So entsteht ein Schirmgewölbe mit zwölf Rippen und zwölf Kappen. In den Wandfeldern sind zwölf kleine Fenster eingelassen. Die Schildwände erreichen etwa die gleiche Höhe von 10,60 Metern wie der Zenit, in dem sich die zwölf Rippen im Kreis des Scheitelauges treffen.

Funktion und Bedeutung des Raums sind nicht unumstritten. Diente er einst als Wachstube? Der abgelegene Ort des Saals spricht nicht dafür. Die beiden engen Treppenspiralen sind nur vom Kreuzgang und der Kirche zugänglich und die 37 schmalen und steilen Steinstufen erlauben den Besuchern nur einzeln hintereinander hochzusteigen. Offenbar war der Raum für einen kleinen Kreis auserwählter Personen reserviert. Überliefert sind gelegentliche Totenmessen für hochgestellte Kleriker. Dies gab zu der Vermutung Anlaß, der Hochsaal sei nach dem Vorbild der Jerusalemer Grabeskirche errichtet worden. Doch die ikonographischen Phantasien gehen weit darüber hinaus. Danach verkörpert der ideale Raum die Vision des himmlischen Jerusalem, wie sie in der Apokalypse des Johannes entfaltet ist. Zwölf Tore hat die quadratisch angelegte und ummauerte Stadt. Zur Beleuchtung bedarf es weder der Sonne noch des Mondes. Allein die Herrlichkeit Gottes leuchtet über den Menschen. Zwischen den Straßen stehen die Bäume des

Lebens. Zwölfmal tragen sie Früchte, und die Blätter der zwölf Pfeilerbäume dienen den Völkern zur Heilung. Es ist die Zahl Zwölf, welche die Architektur des Saales an die Idee der Ewigen Stadt knüpft. Kein Bild stützt diese Phantasie, sondern allein die Form des Raums.

*

Einen Tempel gibt es im himmlischen Jerusalem nicht. Denn Gott wohnt hier überall. Zwischen den Menschen ist er allgegenwärtig. Das Meer ist verschwunden, auch Sonne und Mond existieren nicht mehr. Licht geht allezeit von Gott und Christus aus. Der Turnus der Tageszeiten ist ebenso aufgehoben wie der Wechsel der Jahreszeiten. In der Ewigkeit gibt es überhaupt keine Zeit. Der Tod wird nicht mehr sein, keine Trauer, keine Klage, keine Mühsal. Eine Geschichte kennt diese Stadt ebensowenig wie eine Zukunft. Was früher war, ist für immer vergangen. Und die neue Stadt, die Gott am Ende der Zeit vom Himmel herabschweben läßt, ist für immer da. Sie wandelt sich nicht mehr. Die Erlösten leben für immer. Alle anderen sind aus dieser Stadt verwiesen, die Feiglinge und die Treulosen, die Befleckten, die Mörder und die Unzüchtigen, alle die Zauberer, Götzendiener und Lügner. Sie werden ein zweites Mal sterben, ihr Schicksal ist der See voll brennenden Schwefels.

Maßgeblich für die christliche Vorstellung der ewigen Stadt ist die Apokalypse des Propheten Johannes, der keineswegs mit dem Apostel und dem Verfasser des Evangeliums zu verwechseln ist. Um 95 n.Chr. hielt der Seher seine Vision während der Verbannung auf der In-

185

sel Patmos fest und schilderte den sieben Gemeinden Kleinasiens darin das Ende der Zeiten.

Im Rückgriff auf Visionen der Propheten Ezechiel, Daniel und Jesaja entwirft der Autor die Topographie der letzten Stadt. Im Quadrat ist sie angelegt, denn das Quadrat ist die vollkommenste aller Formen. Jede Seite hat eine Länge von rund 600 Kilometern. „*Und sie hat eine große und hohe Mauer mit zwölf Toren und auf den Toren zwölf Engel, und Namen darauf geschrieben, die Namen der zwölf Stämme der Kinder Israels. Im Osten drei Tore und im Norden drei Tore und im Süden drei Tore und im Westen drei Tore. Und die Mauer der Stadt hatte zwölf Grundsteine und auf ihnen die Namen der zwölf Apostel des Lammes. (…) Und der Bau ihrer Mauer war aus Jaspis und die Stadt war von lauterm Gold, gleich dem reinem Glas. Und die Grundsteine der Stadtmauer waren geschmückt mit allerlei Edelgestein. Der erste Grund war ein Jaspis, der zweite ein Saphir, der dritte ein Chalzedon, der vierte ein Smaragd, der fünfte ein Sardonyx, der sechste ein Sardion, der siebte ein Chrysolith, der achte ein Beryll, der neunte ein Topas, der zehnte ein Chrysopras, der elfte ein Hyazinth, der zwölfte ein Amethyst. Und die zwölf Tore waren zwölf Perlen; und ein jeglich Tor war von einer Perle; und die Gassen waren lauteres Gold wie ein durchscheinend Glas.*"

Jeder edle Fundamentstein geht zurück auf den Brustschild des jüdischen Hohepriesters. Sie stehen für den Tierkreis und die zwölf Stämme Israels. Doch wirken sie auch apotropäisch. Als Material der Wehrmauer sollen sie nicht zuletzt Dämonen und Unreine von der Gottesstadt abhalten. Glanzvoll und kostbar ist die Stadt des Gottesreichs, aus riesengroßen Perlen sind die Tore gefertigt, aus Gold die Straßen. Durchsichtig wie Glas wirken die Wege, auf denen sich die Bewohner bewegen. Wie Babylon, die verfluchte Hure, und wie Niniveh besitzt die neue Stadt einen quadratischen Grundriß. Aber nicht nur Länge und Breite messen jeweils hunderte Kilometer, auch in die Höhe ragt diese Stadt rund sechshundert Kilometer auf. Sie ist ein gigantischer Kubus, ein kosmischer Würfel. Wie das Quadrat die vollkommenste Fläche, so ist der Würfel der vollkommenste Körper. Schon im salomonischen Tempel hatte das Allerheiligste die Gestalt eines Würfels. Und das neue Jerusalem, das jeden Tempel obsolet macht, entspricht als Ganzes dem Allerheiligsten im Kosmos. Auch wenn man die ungeheuren Dimensionen dieser Stadt nur in einem symbolischen Sinne verstehen will, so sind die Parallelen zur größten Stadt der alten Zeit unübersehbar. Babylon, das böse Gegenbild zur ewigen Seligkeit, mit seinem großen Tempelturm war ebenfalls als Quadrat errichtet.

Die mittelalterliche Buch- und Wandmalerei hat sich an die Vorgaben des heiligen Textes nicht immer gehalten. Die Dreidimensionalität des Riesenwürfels ließ sich auf einer Fläche kaum wiedergeben. Und statt des Quadrats behalf man sich häufig mit einer Art Oval, einem Hexagon oder einem Kreis. Manche Darstellungen zeigen den Einzug der Seligen in die Stadt, andere bevölkern die Stadt mit Engeln, Aposteln und Heiligen oder mit Szenen aus dem Lebens Jesu. Um nur drei Beispiele zu geben:

Zwischen 1000 und 1020 entstand das Hauptwerk der ottonischen Reichenauer Buchmalerei, die Bamberger Apokalypse. Das Blatt 55r zeigt die heilige Stadt ohne den Schmuck der Edelsteine, strikt reduziert auf die Form und Zahlensymbolik. Die vier Mauerreihen stehen für die Linien des Quadrats, die Jahreszeiten, die Paradiesflüsse. Vier Tore mit jeweils sechs romanischen Fensterbögen verweisen auf die zwölf Stämme Israels, die zwölf Edelsteine auf dem Brustschild des Hohenpriesters, die zwölf kleinen Propheten, die zwölf Apostel und die 24 Alten der Apokalypse. In der Mitte steht auf der Buchrolle das Lamm, Christus der Menschen- und Gottessohn. Unten nimmt der Engel Johannes, den Propheten, an die Hand nimmt und weist mit dem Lilienstab auf die Stadt. Er zieht ihn hinauf auf den Berg, von dem aus sich die himmlische Stadt von Ferne erkennen läßt.

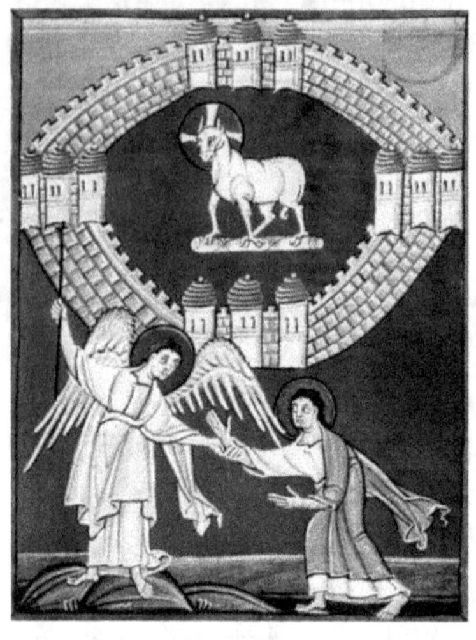

In der Benediktinerabtei Saint-Aubin in Angers wurde zwischen 1130 und 1150 der Kreuzgang mit rotblauen Malereien ausgeschmückt. Über dem Kapitell einer

Doppelarkade ist die heilige Stadt wie ein Quadrat gezeigt, mit hoch aufragenden Mauern, fünf Türmen und Zinnen auf dem Mauerrand. Die Mauern sind extrem hoch, da sie an das Modell des Stadtkubus erinnern sollen. Zwei Türme tragen Helmdächer. Das vordere Säulenportal steht direkt unter einem Eckturm. Es ist verschlossen. Von oben kann der Betrachter im Innern der leeren Stadt zwei Häuser mit offenen Toren erkennen.

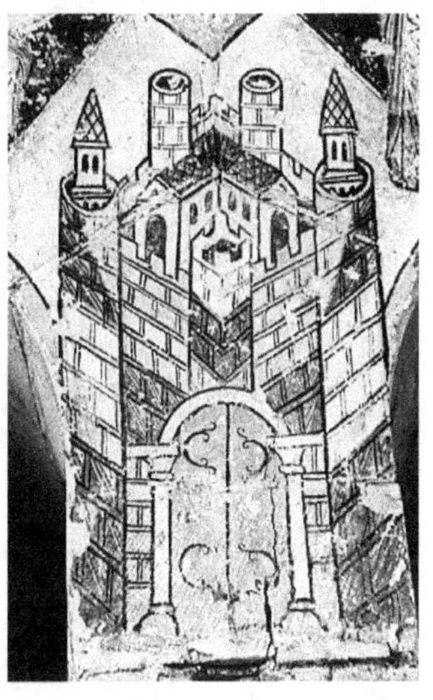

Zu den monumentalsten Darstellungen zählt die Secco-Malerei im Vierungsgewölbe des Braunschweiger Doms Sankt Blasius. Sie stammt aus den Jahren um 1240, wurde im 19. Jahrhundert entdeckt und teilweise übermalt, schließlich wieder mehrfach „entrestauriert" und von verfälschenden Farbmischungen befreit. Ein großer Doppelkreis, der die Scheitelflächen der Vierungsbögen berührt, bildet die Mauer des Himmlischen Jerusalem. Sie wird von 24 Türmen durchbrochen, von denen jeder zweite zinnenbewehrt und mit einer Pforte versehen ist. Über den Pforten sind die Apostel als Büsten dargestellt, die Zinnen tragen ihre Namen, Schriftbänder mit Sätzen des Credo schwingen entlang der Mauerabschnitte. Im obersten Segment ragen hinter dem Mauerring zwei

schlanke Kirchtürme auf. In den sechs Gewölbefeldern
sind Szenen aus dem Leben Jesu dargestellt: Christi Ge-

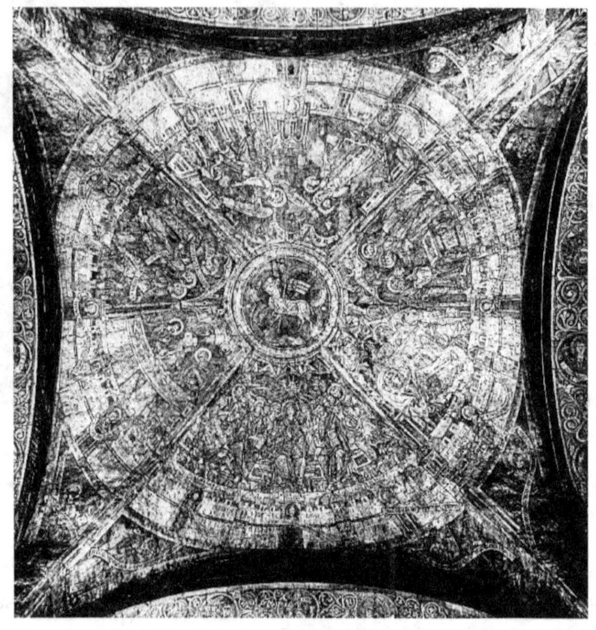

burt, die Beschneidung im Tempel, das Heilige Grab, die
Emmaus-Szene, in der Jesus alle bedauert, die ihn nicht
erkennen, das abendliche Gastmahl und schließlich die
Pfingstszene mit Maria im Kreis der Jünger. In der Mit-
te, dem Scheitelpunkt des Gewölbes zeigt ein im 19.
Jahrhundert eingefügter Vierpaß das Agnus Die samt
Siegesfahne. Das Blut aus der Seitenwunde ergießt sich
in den Kelch.

*

Während die drei Könige das Kind anbeten, das auf Ma-
rias Schoß sitzt, lugt aus dem verfallenen Stall eine ver-

dächtige Gestalt hervor. Halb nur ist er mit einem Purpurmantel bekleidet, auf dem Kopf trägt er eine üppige Krone, den Arm schmückt ein goldenes Armband, und ein durchsichtiger Zylinder umgibt eine schwärende Wunde am Fußknöchel. Mit hintergründigem Lächeln betrachtet er das Christuskind, während seine Gefährten höchst feindselig blicken. Ist es König Herodes mit seinen Spionen, ist es der Antichrist, der zu Jesu Geburt geeilt ist? Ist es der Messias der Juden, der sich um seine Mission betrogen weiß oder ist es der falsche Prophet Bileam, welcher sich mit den Moabitern verschwor, um die Juden von Gott abzubringen? Schon in Jesu ersten Stunden ist das Böse gegenwärtig.

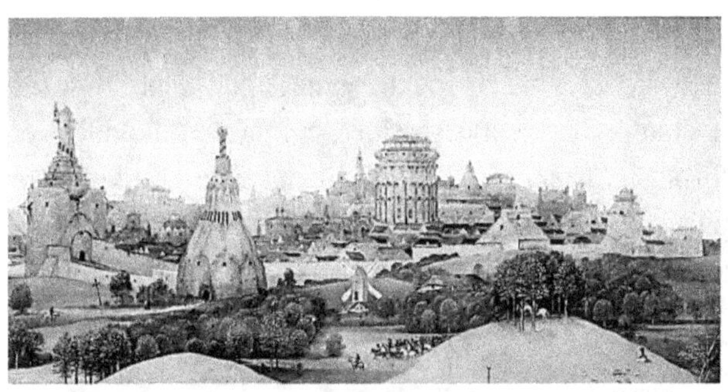

Im Hintergrund erkennt man unter dem Stern eine Stadt, die von einer Mauer umgeben ist. Es scheint Jerusalem zu sein. Unter den Wohnhäusern mit den Satteldächern stehen Turmbauten mit diversen Grundrissen. Manche sind rund, andere polygonal, einer hat die Form einer Birne, ein anderer ist rund wie ein Apfel, ein dritter erinnert an einen Heuschober. Der Birnenturm endet in einem stachligen Stiel mit einer durchlöcherten Kugel als Abschluß, der große Zylinder in der Stadtmitte wird

rundum von Strebebögen gestützt. In der Dachschale ist
ein flaches, vielfenstriges Geschoß eingelassen, auf dessen Dach etwas zu wachsen scheint. Einige Rundbauten
gleichen Baptisterien, der höchste jedoch ähnelt dem
Turm zu Babel. Die runde Mittelzone ruht auf einem hohen zylindrischen Massivbau mit Tor und Fenstern. Darüber sind fünf Geschosse gestapelt, die nach oben immer
schmaler werden, darauf ragt ein steiler Turm mit einer
Art Wendeltreppe auf. Am obersten, offenbar noch unvollendeten Abschnitt sind ein Kran und ein Flaschenzug angebracht.

Hieronymus Bosch hat auf der Mitteltafel der Madrider
„Epiphanie" keinen flämischen Marktplatz mit Häuserzeilen wie auf dem Frankfurter Bild „Ecce Homo" gemalt, keine gotische Kathedrale und keine römische
Stadtlandschaft, sondern eine Architektur, die allein der
Phantasie entsprungen ist. Sie hat keinerlei Ähnlichkeit
mit dem historischen Jerusalem. Die Anbetung der Könige geschah in einer Welt fernab der Gegenwart, aber
auch fern jeder Vergangenheit. Keine historische Stadt
hat je so ausgesehen. Es wäre nicht unmöglich, derartige
Gebäude zu errichten, doch im fernen Dunst erscheint
nur eine mögliche Stadt, die nie existieren wird. Oder ist
es jene Stadt, welche den falschen Messias erwartet, jene
bekrönte Figur im zerfallenen Stall, die trotz Christi Geburt allezeit gegenwärtig bleiben wird?

Die Turmkulisse kehrt auf anderen Bildern wieder, auf
dem Triptychon zum „Kreuzestod der heiligen Wilgefortis" in Venedig oder dem Berliner „Johannes auf Patmos", vor allem aber auf der rechten Tafel des Lissabo-

ner Antonius-Triptychons. Allerlei Teufel tummeln sich hier, ihre Königin steht nackt in einem offenen Baumstumpf und trachtet den Heiligen zu verführen. Im Hintergrund sieht man zwei Türme an einer Stadtmauer, auf

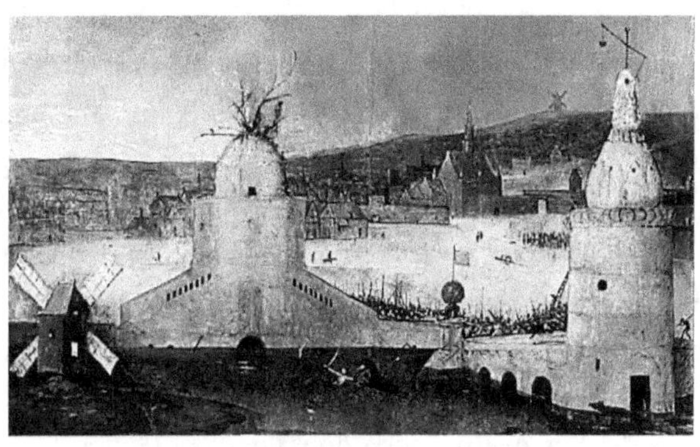

der ein Kriegsheer marschiert. Vor der Mauer drehen sich die Flügel einer Windmühle, im Wallgraben, wo gefährliches Getier schwimmt, greift ein geifernder Drachen einen Krieger an. Der massive rechte Rundturm hat gleichfalls einen birnenförmigen Aufbau, an der Spitze ist ein Flaschenzug angebracht. Auf dem kuppelförmigen Aufsatz des linken Turms brennt ein Feuer. Am Ast des schwarzen Baums hängt ein Mann. Auf dem Glacis zwischen Häusern und Stadtmauer sind einzelne Figuren unterwegs, ein Reiter und ein Trupp Soldaten. Auf dem Berg über der Stadt steht in der Ferne eine weitere Windmühle. Es ist die Stadt der Versucherin, wo der Heilige einige Wundertaten verrichten und Kranke heilen wird, so ihn seine Phantasie nicht täuschen wird.

Boschs Städte des Bösen werden beherrscht von Turmbauten, die allein der Imagination entspringen. Sie gleichen weder den gotischen Türmen der Kathedralen oder Rathäuser noch den Geschlechtertürmen mittelalterlicher Städte. Türme haben bekanntlich mehrere Bedeutungen. Sie bieten Schutz und Wehrkraft, verschaffen weite Sicht über Land und Stadt, demonstrieren Macht, Reichtum und Überlegenheit und geben ihren Bewohnern die Möglichkeit, auf sicheren Treppen zum Himmel emporzusteigen. Als vertikale Hochbauten überragen sie ihre Umgebung, bekrönen Siedlung oder Stadt und lenken alle Blicke auf sich. Im Meer der Häuser und Dächer sind sie von weither sichtbar. Und von ihrer Spitze blickt man nicht nur zu fernen Horizonten, sondern auch hinab auf die winzigen Wesen auf der Erde. Türme erlauben Blikke aus der Perspektive der Vögel - und der Götter.

Bosch war jedoch keineswegs der Erfinder imaginärer Turmbauten. Schon Jan und Hubert van Eyck haben als erste Tafelmaler die Stadtansicht des himmlischen und irdischen Jerusalem mehrfach mit imaginären Turmbauten versehen. Auf dem Rotterdamer Bild von den Frauen am Grabe erkennt man in der Ferne unweit des Davidturms mit der Melonenkuppel den Felsendom, dessen Einzelheiten jedoch nicht dem realen Bauwerk entsprechen. Viele andere Gebäude ähneln eher einer europäischen Bauweise, allein die vielen Zwiebelkuppeln sollen auf einen Ort im Orient verweisen. Auf der Budapester Kopie einer Kreuztragung ist der zentrale Dom, den viele Zeitgenossen mit einem christlichen Tempelbau verwechselten, zu einem mächtigen Zentralbau im Format eines Wolkenkratzers angewachsen, dessen gotisches Strebewerk an den oberen Etagen indes keinerlei Funk-

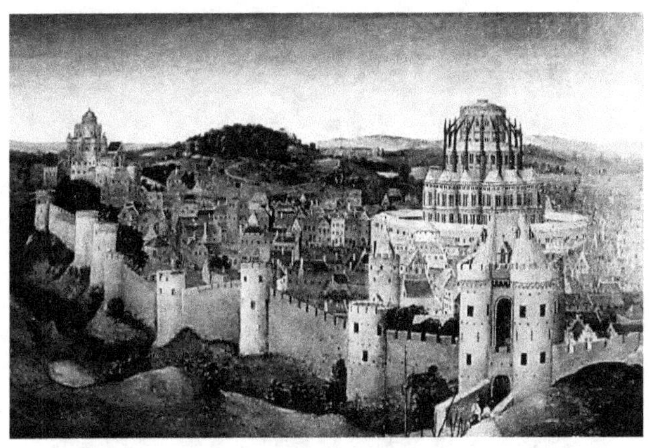

tion hat. Ähnlich phantasievoll fielen die Ansichten von Jerusalem im Turiner Stundenbuch sowie auf der Mitteltafel des Genter Altars aus, der „Anbetung des Lamms". Hinter dem Garten des Paradieses zeichnet sich die Silhouette des himmlischen Jerusalem ab, eine gotische Skyline mehrfach abgestufter Turmbauten.

Eine besonders eindrucksvolle Stadtlandschaft stammt aus der Schule van Eycks und ist in der Ca´d´Oro in Venedig zu besichtigen. Hinter der Kreuzigung und dem trauernden Paar Maria und Johannes erhebt sich eine Stadtkulisse. Um 1450 entwarf der Maler die imposanten Turmbauten. Die achteckigen Mauertürme sind mindestens acht Etagen hoch, der Aufbau mündet jeweils in eine flache Kuppel. Ob es Wohn- oder reine Wehrtürme sind, ist nicht auszumachen. Der Turmbau in der Stadtmitte indes, der hier auf der linken Bildseite zu sehen ist, ragt weit über zehn Geschosse hoch, ist mehrfach gestuft und von einem komplexen Gefüge von Vorbauten um

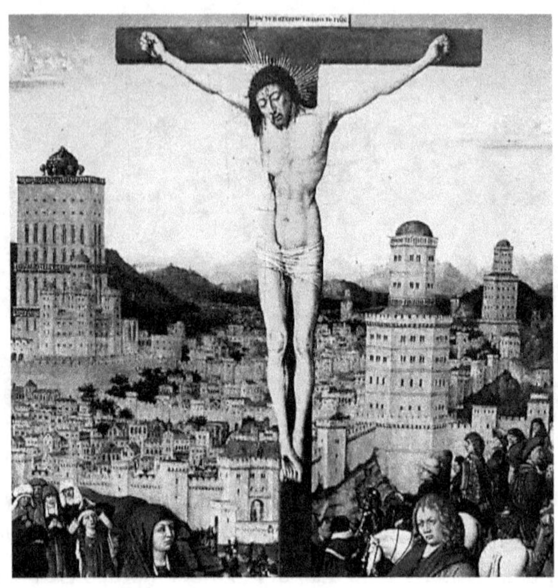

geben. Reihen schmaler und hoher Fenster werden oben von kleinen quadratischen Öffnungen abgelöst. Auf dem flachen, mit einer Brüstung umgebenen Flachdach steht eine Art gigantisches Kultgefäß mit Deckel und Haltegriffen. Immer wieder haben die Brüder van Eyck ihre Stadtansichten variiert. Obwohl einige Motive wiederkehren, sieht Jerusalem, sei es irdisch oder himmlisch, stets etwas anders aus.

*

Das Gegenbild zum himmlischen Jerusalem ist seit je die Großstadt der Sünden und des Hochmuts: Babylon. Als Inbegriff bösartiger Architektur indes gilt bis heute der hohe Turm, dessen Bau, so der Bericht der „Genesis", die Sprachen verwirrte und die Menschheit aufspaltete.

Der biblische Bericht, dessen Botschaft die Jahrtausende überdauerte, hatte ein historisches Vorbild. Über 25 Göttertürme sind in Mesopotamien und Persien nachgewiesen, in Ur und Uruk, in Tepe Sialk und Tschogha Zanbil, in Borsippa und in Babylon. Die Tempeltürme waren die markantesten Gebäude der Städte, bis zu sieben Stufen hoch, erbaut auf einer rechteckigen oder quadratischen Plattform. Den Kern des Bauwerks machten ungebrannte

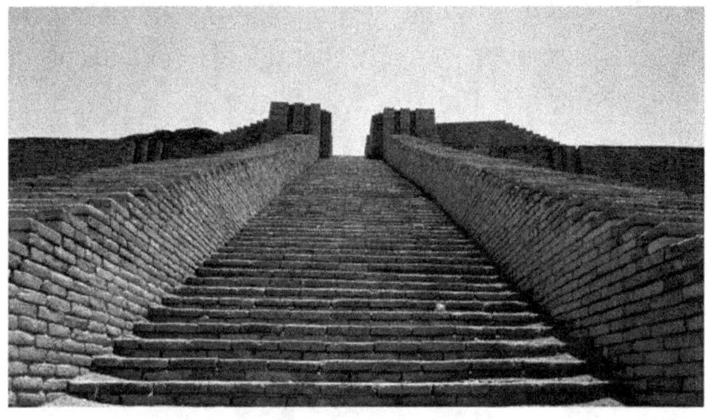

Lehmziegeln aus. Es gab Entlüftungskanäle, und stabilisiert wurde der Bau durch Lagen von in Asphalt gegossenen Schilfmatten und horizontalen Ankertauen aus Palmfasern. Bei späteren Bauwerken beschränkte man sich für den Kern mit einfachen Lehmschüttungen im Wechsel mit Lagen aus Lehmziegeln. Der äußere Mantel bestand meist aus gebrannten Ziegeln, die widerstandsfähiger gegen Nässe waren. Einzelne Stufen, vor allem die Spitze konnte farbig verputzt oder mit glasierten Ziegeln dekoriert sein. Zum Gipfel gelangte man entweder über eine zentrale Mitteltreppe, über seitliche Rampen oder Treppen oder über Aufgänge im Innern.

Im mesopotamischen Zikkurat wohnte eine lokale Gottheit. Die assyrischen Stufentürme dienten vermutlich als Opferplätze oder Orakel, während auf der Spitze der babylonischen Zikkurate ein Tempel stand. Nur Priester durften den Götterberg emporsteigen oder sich in den Innenräumen der Basis aufhalten. Sie hatten für die Götter zu sorgen und sich um ihre Wünsche zu kümmern. Die Zikkurat in Ur war dem Mondgott Nanna geweiht und hatte einen Umfang von 62 Metern Länge und 43 Metern Breite. Die Mauern waren zweieinhalb Meter dick, die unterste Etage war elf Meter, die zweite 5,7 Meter und die dritte 2,9 Meter hoch. Die Ruine der Zik-

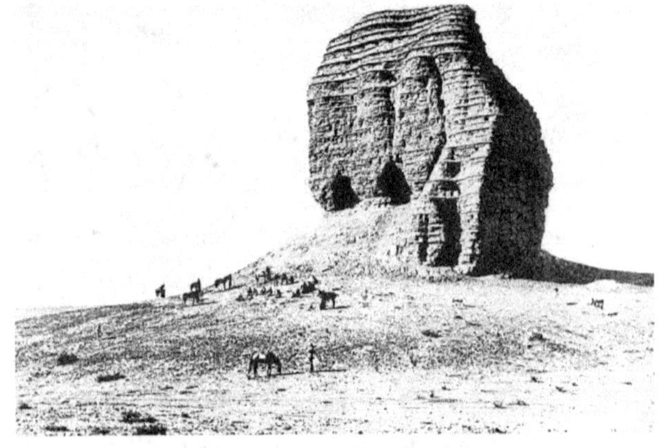

kurat von DurKurigalzu aus dem 14. Jahrhundert a.Chr., der dem Gott Enlil gewidmet war, maß am Grund 67 x 69 Meter, die unterste, noch erhaltene Stufe ist 33 Meter hoch. Die Gesamthöhe wird auf mindestens 45 Meter geschätzt.

Vom babylonischen Turm sind von den einst 17 Millionen Ziegeln nur mehr 115 erhalten. "Etemenanki" hieß der Bau, „Haus der Fundamente von Himmel und Erde.“ Er war dem Hauptgott Marduk vorbehalten. Heutige Satellitenbilder zeigen ein riesiges Fundament mit einer quadratischen Seitenlänge von jeweils 90 Metern, sieben Stockwerke war der Turm hoch. Nach einer Tontafel aus Uruk soll die letzte Version des mehrfach zerstörten Turms eine Gesamthöhe von 91 Metern gehabt haben. Am bekanntesten ist die Beschreibung von Herodot im ersten Buch der „Historien“. *„Der Tempelbezirk ist viereckig, jede Seite zwei Stadien lang. Mitten in diesem heiligen Bezirk ist ein fester Turm errichtet, ein Stadion lang und breit, und auf diesem Turm steht wiederum ein Turm und dann noch einer, im ganzen acht Türme übereinander. Alle diese Türme kann man ersteigen auf einer herumführenden Treppe. Auf mittlerer Höhe sind Ruhebänke angebracht, auf die sich der Hinaufsteigende setzen kann, um sich zu erholen. In dem höchsten Turm steht erst das eigentliche große Tempelhaus, und in dem Tempelhaus steht ein großes Ruhebett, mit schönen Dekken belegt, und daneben ein goldener Tisch. Kein Götterbild findet man dort aufgestellt, auch nächtigt kein Mensch in dem Tempel, bloß eine einzige aus Babylon stammende Frau, die sich der Gott unter allen Frauen des Landes erwählt.“* Für wenig glaubhaft indes hält der Historiker die Erzählung der örtlichen Priester, daß Marduk in Person im Tempel schlafe und mit seiner Auserwählten das Ruhebett teile.

Nebukadnezar II., der um 600 a.Chr. das von Sanherib zerstörte Babylon samt des „Etemenanki“ erneut errichten ließ, hinterließ eine Stele, auf der er sich als Bauherr rühmte. Bis zum Himmel habe der Tempelturm gereicht und sei mit Backstein und schwarzem Bitumen verkleidet gewesen. Der Tempel auf der Spitze funkelte von blauglasierten Ziegeln. Bei den Außenwänden wechselten sich Pfeiler und Nischen ab. An der Südseite führten zwei Seitentreppen zur ersten Etage des Turms, die Mitteltreppe endete einen Absatz höher. Auf den weiteren Stufen befanden sich vermutlich jeweils zwei Tore zu den Aufgangstreppen im Innern. Da die weiteren Treppen hinter den Mauern lagen, waren sie von unten nicht mehr einsehbar. Der breite Umgang auf jeder Etage verstellte die Sicht auf den Aufgang zum Hochtempel. Der Weg zum Allerheiligsten war ein Geheimnis.

Nach 597 a.Chr. eroberten die Babylonier Judäa und zerstörten den Tempel in Jerusalem. Vor allem Angehörige der Oberschicht wurden nach Babel deportiert und dort in die multiethnische Gesellschaft eingefügt. In der „babylonischen Gefangenschaft" durften Juden selbst Sklaven halten. Sie konnten ohne Zwang Handel und Landwirtschaft treiben, eigene Häuser bauen, sich selbst verwalten und ihre Religion weiterhin ausüben. Im Zuge der offiziellen Assimilationspolitik war es einigen Juden sogar gestattet, im Staatsdienst aufsteigen. Für die Priesterschaft indes bedeutete das Exil eine Bedrohung ihrer Privilegien. Für sie blieb die fremde Götterwelt eine stete Gefahr, und die große, reiche Stadt ein Ort des Verderbens. Gemessen am zerstörten Jerusalem war Babel eine andere Welt, eine Weltmetropole mit dem Riesenturm inmitten prächtiger Priesterpaläste, der langen Prozessionsstraße für den fremden Stadtgott, mit den riesigen Vorratskammern, überall weiße Wände, bronzene Pforten, bunte Ziegel an den Stadttoren und ein Wald von Türmen. Rundum war die Stadt von Böschungen, Gräben und einer doppelten, viele Meter dicken Ziegelmauer gesichert. Auf den Straßen trafen sich Griechen, Phönizier und Perser, Ägypter, Juden. Karawanen aus dem Jemen, aus Somalia, Arabien, Indien zogen durch die Tore. Als ungeheure Anmaßung muß den jüdischen Theologen aus der Provinz die Idee vorgekommen sein, mit einem großen Turm ließen sich Erde und Himmel miteinander verbinden, damit sich Gott und Mensch auf neunzig Metern Höhe tatsächlich treffen könnten.

*

In den mittelalterlichen Handschriften erscheint der Turm meist als einfaches, rechteckiges Gebäude, welches sich stufenweise nach oben verjüngt. Erst im 16. Jahrhundert wechselte die künstlerische Phantasie den Grundriß. Besonders auf den Bildern niederländischer Maler erscheint der böse Turm nun als kreisrunder Hochbau.

Der Amsterdamer Maler Cornelis Anthonisz zeigt im Jahre 1547 den Turm im Augenblick des Einsturzes. Vom Himmel fliegen inmitten des göttlichen Sonnensturms Engel herbei, einer bläst in die Posaune, ein anderer schwingt das Schwert. Der Angriff zielt genau in die Mitte des Bauwerks. Es ist, als bräche das Gebäude von innen auseinander, Fassadenteile fallen aus dem Rund der Etagen heraus, an der noch unvollendeten Spitze

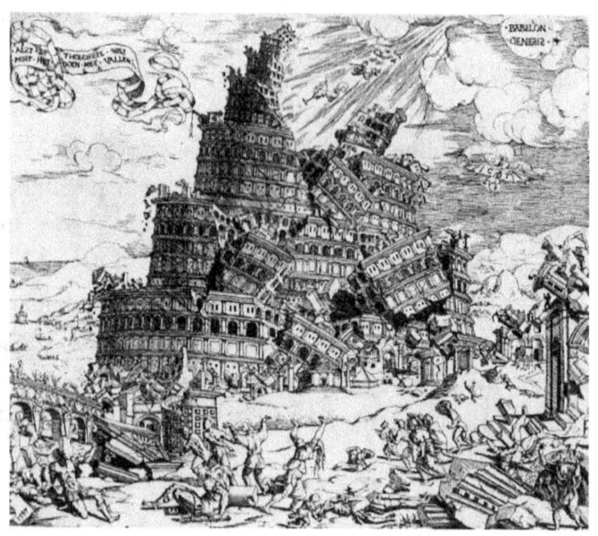

klafft bereits ein tiefes Loch, so daß die obersten Mauern nach innen stürzen. Doch es ist nicht nur der Turm, der zusammenfällt, auch die umliegenden Gebäude brechen auseinander, links eine Brücke auf der eine Marschkolonne noch zu fliehen versucht, rechts vorn sind Säulen und ein Architrav herabgestürzt, das Unheil gleicht einem Erdbeben, das eine ganze Region erschüttert. Ein Toter liegt auf der Erde, ein anderer sitzt ein paar Meter weiter hilflos herum, mit hochgerissenen Armen laufen Menschen im Kreis, eine Gruppe flüchtet vor den Steinbrocken, keiner weiß mehr, wohin er sich wenden soll. Die Verwirrung der Sprache treibt die Menschen auseinander, hinweg von der Stätte des Unheils.

Pieter Bruegel hat zwei Gemälde hinterlassen, das Wiener Turmbild von 1563, welches das Bauwerk am Rande einer flämischen Stadt zeigt, errichtet auf einem Felsen, den Bauherrn Nimrod mit seinem Gefolge zur Besichtigung im Vordergrund und zahllose Handwerker bei der Arbeit. Das zweite, kleinere Bild ist in Rotterdam zu sehen. Es dürfte kurz nach der Wiener Version entstanden sein und ist ein Meisterwerk der Minitaurmalerei. Sein Format beträgt gerade einmal 60x74 Zentimeter.

Am Rande eines Meeres und einer flachen Landschaft mit ärmlichen Hütten, einzelnen Scheunen und Schobern arbeiten unzählige winzige Gestalten am Bau des gigantischen Turms. Er ist noch unvollendet. Fünf Etagen sind

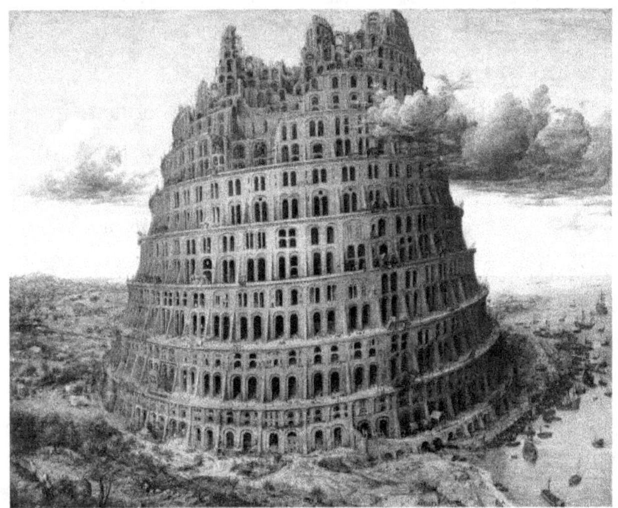

weitgehend fertig, weiter oben lehnen dünne Gerüste an den halbaufgezogenen Mauern. Man erkennt die schalenförnige Konstruktion des Gebäudes. Keine äußere Treppe oder Rampe führt hinauf, alle Zugänge befinden sich unsichtbar im Innern; auf jeder Etage verlaufen in konzentrischen Ringen Bogengänge um eine nicht erkennbare Mitte. Es ist als habe der Bau gar keine rechteckigen Räume, keine Cella, keinen Gebets- oder Versammlungsort, nur radiale Bogengänge, in denen die Menschen am Ende im Kreis laufen werden. An der Außenwand sind ebenfalls unzählige Tore und Fenster mit Rundbogen, nach jedem Doppelbogen eine gemauerte Stütze, ab und zu ein Zutritt von der umlaufenden Terrasse, doch die allermeisten Arkadenbögen führen ins Nichts. Die Hinterwand ist zugemauert, manchmal versperrt ein Eisengitter den Zutritt. Auf den Terrassen tummeln sich Menschen, einige reiten ihre Maulesel, andere rollen Fässer, auf der dritten Stufe stehen viele Leute an der Brüstung, sie scheinen Lanzen zu tragen oder auch einen roten Baldachin, doch auch diese Prozession führt ins Nirgendwo. Wie Ameisen wirken die kleinen Gestalten auf dem riesigen Turmberg, überall Lastenaufzüge, Holzgestelle, Leitern, Eisenstangen, Seilzüge, Bauhütten der Steinmetze, in schwindelnder Höhe schichten Arbeiter Stein auf Stein, von Etage zu Etage werden weißliche Kübel und Säcke mit Mörtel hinaufgezogen. So hoch ist der Turm bereits, daß er die grauweiße Wolke noch oben durchstößt, die sich von rechts nähert. Am Hafen bringen dutzende Schiffe das Baumaterial herbei, über das Meer, nicht über Land werden die Ziegel zur Baustelle transportiert.

Bruegel soll sich das römische Kolosseum als Vorbild genommen haben, ohne indes dessen elliptischen Grundriß zu übernehmen. Dies hat manche Interpreten dazu verleitet, dem Bild eine antirömische, antipapistische Bedeutung zuzuschreiben. Es biete eine Kritik am Bauwahn der Päpste, wie er sich am monumentalen Neubau von St.Peter offenbart habe. Diese reformatorische Lesart ist wenig überzeugend. Nichts weist darauf hin, daß der Turm von göttlicher Hand zerstört werden wird, daß als Strafe die Sprachenverwirrung über die Menschheit kommen wird. Der Bau ist unvollendet, er ist noch in Arbeit. Nicht in einer Metropole hat man ihn errichtet, sondern irgendwo, in einem Niemandsland am Meer, wo niemand wohnt, wo kein Steinbruch, keine Ziegelei in der Nähe ist, auch kein Palast der Priester oder des Königs. Der Turm steht weder in Rom noch in Babel, er existiert nur in der Phantasie. Soll man ihn überhaupt als Kritik menschlicher Hybris lesen, als architektonische Vermessenheit, als Symbol nichtiger Größe auf Erden? Der Arbeitstag geht gerade zu Ende. Die untergehende Abendsonne taucht Westseite und Obergeschosse in rötliches Licht. Am nächsten Morgen wird die Arbeit fortgesetzt werden, über den Wolken.

Ein Jahrhundert später unternimmt der Jesuit und Universalgelehrte Athanasius Kircher den Versuch, die schiere Unmöglichkeit des babylonischen Turms nachzuweisen. In seinem letzten Werk „Turris Babel" von 1679 erörtert er nicht nur die Geschichte der Sprachen und die Generationenfolge nach der Sintflut, sondern auch die Bauphysik des bösen Turms. Danach mußte das monströse Vorhaben notwendig scheitern, da der „Bau in den Himmel", von dem die „Genesis" berichtet, den Naturgesetzen wiederspreche. Im Reiche Babylon lebten, so Kircher, damals 9.094.468 Menschen, davon 4.547.234 Männer, die als Arbeiter hätten eingesetzt werden können. 3426 Jahre lang würden die Menschen für den

Turm benötigen. Als unteren Berührungspunkt des Himmels definierte Kircher die Sphäre des Mondes, die von der Erde exakt 264.380 Kilometer entfernt sei. So hoch müßte das Bauwerk aufragen, um seine Bestimmung zu erfüllen. Dafür aber müßten 400 Billiarden Ziegelsteine verbaut werden, und dies übersteige die Kapazität der Erde bei weitem. Obendrein übertreffe das pure Gewicht eines solchen Turms das Gewicht der Erde und würde daher den Planeten aus seiner Bahn werfen, den Wechsel von Tag und Nacht, Sonnen- und Mondlicht aufheben und auf diese Weise eine gigantische Klimakrise hervorrufen. Kurzum: Der Bau des Turms von Babel bedeutet das Ende der Welt.

*

Nachdem Charon sie über den Acheron gefahren hat und sie den dreiköpfigen Kerberos passiert haben, gelangen Aeneas und die Cumäische Sibylle an eine große Weggabelung. An dieser Stelle entscheidet sich das Schicksal im Hades. Nach der rechten Seite führt der Weg zu den elyseeischen Gefilden, dem letzten Ort der Glückseligen; auf der linken Seite weist der Weg in das Fluchreich des Tartaros. Dort erhebt sich eine eiserne Festung mit einem riesigen Tor und stählernen Säulen. Sie ist umgeben von einer dreifachen Mauer, umflossen von den schäumenden Flammen des Phlegeton, der höllischen Feuerflut. Keine Menschengewalt, nicht einmal der Krieg der Götter könnte das Eisen der Festung brechen. Am Turm kauert Tisiphone. Behangen mit einem blutigen Mantel bewacht die Furie den Eingang, *„schlaflos durch Tage und Nächte. Deutlich war hier Gestöhn zu hören und* *wütender Peitschen Schlag, ein Klirren von Eisen, ge-schleifter Ketten Gerassel.*" So heißt es im sechsten Buch der Aeneis des Vergil. Kein Sterblicher und kein Unschuldiger darf diese Festung betreten. So muß sich Aeneas mit den Erklärungen seiner Führerin durch den Hades begnügen: Hier foltert der erbarmungslose Richter Rhadamantys und erzwingt jedes Geständnis, die geißelgerüstete Tisiphone bestraft die Schuldigen mit Schlägen und Schlangengezücht. Dann öffnet sich die Pforte, und im Innern wartet die Hydra mit fünfzig aufgerissenen Schlünden. Doppelt so tief reicht der Abgrund des Tartaros wie der Blick hinauf zum himmlischen Glanz des Olymp. Zahllos sind die Strafen, welche auf die Verdammten warten, doch die größte Sünde ist der Stolz, in dem sich die Menschen selbst zu Göttern zu erheben glauben.

Für Dante ist der Dichter Vergil nur ein Schatten. Wie alle, die das Tor des Todes passiert haben, lebt er nur mehr als Schatten weiter. Von anderen Toten der „Divina Commedia" unterscheidet er sich darin, daß er bereits einmal als Lebender im Inferno gewesen ist, an der Seite von Aeneas und der Cumäischen Sibylle. Anders als die anderen Toten ist er zum erläuternden Gespräch imstande. Die anderen sind ganz in sich eingeschlossen, sind fixiert auf sich selbst, auf ihren Schmerz. Der tote Vergil indes begleitet den lebenden Dante und spricht mit ihm, erklärt ihm das Schicksal einiger Sünder, geleitet ihn auf dem Umweg zum Licht. So vertraut erscheint er Dante, daß diesem plötzlich das Herz im Halse schlägt, als er an Vergils Seite seinen eigenen Schatten sieht, nicht aber den seines Freundes. Jener wirft keinen Schatten, da er selbst nur ein Schatten ist. Dante hatte vergessen, daß sein Begleiter nichts als ein Geist ist und keinen Körper hat wie er selbst. Vergil kennt sich im Inferno aus, denn er lebt im Limbus. Als Heide ist ihm der Weg ins Paradies vorerst versperrt.

Die toten Schatten sind mit menschlichen Sinnen ausgestattet. Vermöge der Schatten sprechen die Toten, sie lachen, weinen, heulen, brüllen vor Schmerz. Obwohl die Toten weder essen noch trinken, können sie Hunger und Durst empfinden. Obgleich sie keinen Körper haben, spüren sie die Leiden, die Qualen der Strafe, die Verzweiflung der Ewigkeit.

In der Ferne, jenseits des Flusses flackern einige Lichter. Ein kleines Segelboot, gesteuert von Phlegyas, soll die beiden Wanderer, die mittlerweile die Höllenkreise der fahrlässigen und trägen Sünder hinter sich haben, ans nächste Ufer bringen. Der Styx liegt im nächtlichen Dunkel, in seiner morastigen Brühe schwimmen einige Verdammte. Am anderen Ufer erscheinen glutrot die Türme der Höllenstadt Dis. Ihre Mauern umschließen die untere Hölle. Dorthin sind die Sünder verbannt, die mit Vorsatz und allein aus Bosheit ihre Untaten begangen haben. Tiefe Gräben umwallen die hoffnungslose Stadt, die Mauern sind aus Eisen, doch das Tor ist versperrt. Zu Tausenden stürzen die Teufel vom Himmel hernieder und verweigern den beiden Wanderern den Zutritt. Vergil sucht zu verhandeln, doch höhnisch weisen sie ihn zurück.

Sandro Botticelli hat in seinem Zyklus zu Dantes Göttlicher Komödie die Szenenfolge der Überfahrt und der Verhandlungen Vergils mit den Tordämonen auf der achten Tafel zusammengefaßt. Während Phlegyas, dessen Gesicht einer antiken Komödienmaske gleicht, bereits im Nachen wieder davonfährt, stehen Dante und Vergil vor dem Tor. Der Turm ähnelt den Backsteintürmen der Rathäuser und Paläste der Renaissance. Im Torbogen drängeln sich die bösen Geister mit Flügeln, Hörnern und Fußklauen. Teufel halten das Tor von vorn und hinten verschlossen. Im Innern der Stadt erkennt man bereits die halboffenen glühenden Gräber, aus denen Flammen züngeln. Hier liegen die Erzketzer begraben.

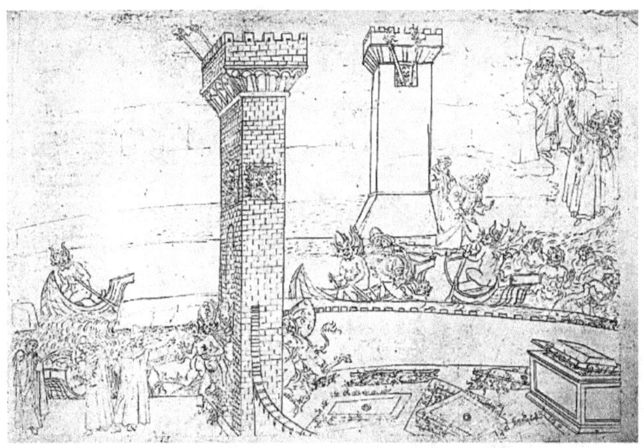

Unwirsch sind die Dämonen über den lebenden Dante, der Einlaß in ihr Reich begehrt. Verärgert ist auch der Führer Vergil, der von ihnen abgewiesen wird. Der Eingang zur Stadt Dis trennt nicht nur die oberen und unteren Höllenkreise, am Tor zur Höllenstadt entscheidet sich, ob Dante seine Reise zum Heil, zu den Tiefen des

Infernos, zum Berg der Läuterung, schließlich zum Paradies fortsetzen kann. Die Mächte des Bösen wollen ihm den Weg verwehren, sie herrschen über die Toten, kein Lebender hat etwas in ihrem Reich verloren.

Auf der nächsten Tafel erhalten die Dämonen Hilfe von den Furien der Gerechtigkeit. Die Göttinnen der Vergeltung erscheinen zwischen den Zinnen des Torturms, um die Eindringlinge abzuwehren. Zu höllischen Gestalten sind sie verwandelt, blutgefärbt, doch mit weiblichen Gebärden und Gliedern. *„Hochgrüne Hydren waren ihre Gürtel"*, heißt es im neunten Canto, *„Blindschleichen und Zerasten ihre Haare, die sich um ihre grausen Schläfen schlangen. Und jener, welcher wohl die Diene-*

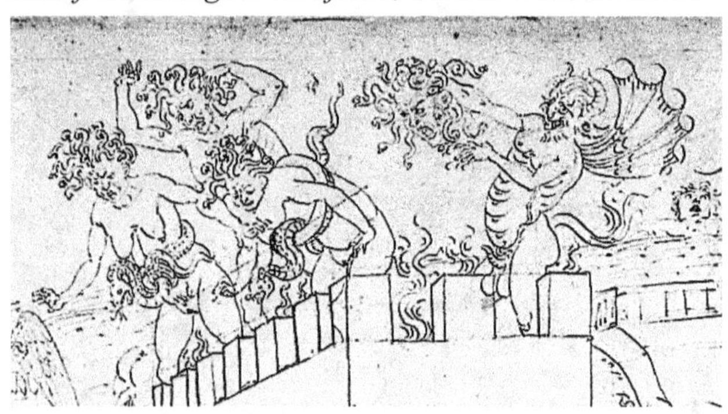

rinnen der Königin des ew'gen Jammers kannte, Schau!' rief er, ,die Erinnyen, die grimmen! Dies ist Megära an der linken Seite, die weinende zur Rechten ist Alekto, Tisiphone dazwischen!' Hier verstummt er. Auf riß die Brust sich jede mit den Nägeln, sie schlugen in die Händ' und schrien so heftig, daß ich aus Furcht mich anschmiegt an den Dichter. ,Medusa komme, daß zu

Abgehärmt von Rachsucht stehen die Furien auf dem Turm, zornig zeternd, von Schlangen umgürtet, die lauthals schreien. An den Händen tragen sie jedoch keine erzbeschlagenen Riemen. Sie sind gezeugt aus dem Blut, das auf die Erde tropft. Und sie sind älter als alle Götter. Geifer und Gift fließen aus ihren Augen, bestialisch ist der Gestank ihres Atems. Vergil ist allzu unvorsichtig, als er sie beim Namen nennt. Denn es ist unklug, sie wiederzuerkennen. Überall wittern sie den Schweiß der Angst und den Geruch von frischem Menschenblut. Wo immer Verbrechen begangen werden, wo Jammer über Frevel anzuhören ist, da richten sie nach verdientem Lohn. Wie sehr vor Kraft einer strotzt, sie vertilgen ihn. Wie sehr in Schönheit eine erblüht ist, sie zerreißen sie. Durch nichts sind sie zu versöhnen. Ihr Ort ist die Erde, und ihre Richtstätte sind die inneren Kreise der Hölle.
Ein Hilfsdämon mit Penis, Schwanz und aufgerichteten Flügeln hält das Haupt der Medusa hoch. Der Kopf der Gorgo ist von Schlangen umwunden, ihr Maul ist aufgerissen. Wer in ihre Augen blickt, wird augenblicklich zu Stein erstarren. Die Schreckensmaske ist das letzte Mittel, um die Wanderer vom Betreten der Höllenstadt abzuhalten. Doch Dante wendet sich ab und Vergil verdeckt ihm die Augen.
Da aber ertönt lautes Getöse, die Erde erbebt, ein Orkan vertreibt den Gestank über dem Fluß. Vom Himmel ist der Engel gesandt, der die Dämonen vertreibt. Weit sind seine Flügel gespreizt, energisch betritt er die erste Stufe.

Mit einem Stab wird er das Fallgitter der Stadt berühren.
Der Gehilfe Gottes öffnet den Zugang zur Hölle.

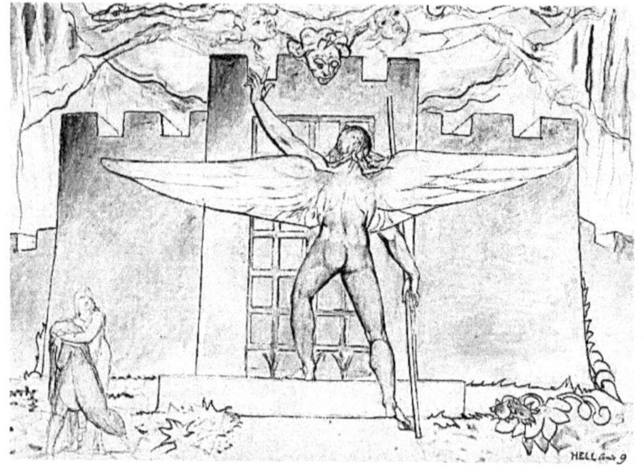

Abbildungen

Cover: Egon Schiele, Die tote Stadt III, Wien, Leopold Museum.

S.8: Thomas Rowlandson, Verkehrschaos, Radierung, Guildhall Library, London.

S.28: Stedman Whitwell, Idealentwurf für Robert Owens „New Harmony", in: Whitwell, Design for a Community of 2000 Person founded upon a principle Commended by Plato, Lord Bacon and Sir Thomas More', London 1830.

S.36: Fritz Lang, Metropolis, Film.

S.40: Le Corbusier, Plan Voisin, Architekturzeichnung.

S.45: Charles Meryon, Le Stryge, London, British Museum, Radierung.

S.52: Henry Moore, Tube Shelter Perspective, London, Tate Britain.

S.73: Leonardo da Vinci, Sintflut, Windsor Castle, Royal Library.

S.74: Albrecht Dürer, Traumgesicht, Wien, Kunsthistorisches Museum, Aquarell.

S.99: John Martin, Satan presiding at the Infernal Council, London, Victoria & Albert Museum.

S.108: Giovanni Battista Piranesi, Carceri d'Invenzione, Tafel 7, Paris, Bibliothèque Nationale de France.

S.112: Monsu Desiderio, Marytrium einer Heiligen, Privatbesitz.

S.119: Merkurtempel, Schwetzingen, Schloßpark.

S.122: Aquädukt: Schwetzingen, Schloßpark.

S.126: Schloßfassade, Heidelberg.

S.132: Caspar David Friedrich, Klosterfriedhof im Schnee, Berlin, Alte Nationalgalerie (zerstört).

S.149: Charles Moore, Piazza d'Italia, New Orleans.

S.160: James Stirling, Staatsgalerie Stuttgart.

S.162: James Stirling, Rotunde, Staatsgalerie Stuttgart.

S.167: Ricardo Bofill, Arcades du Lac, Le Viaduc, Saint-Quentin-en-Yvelines.
S.170: Ricardo Bofill, Triumphbogen, Espaces d'Abraxas, Noisy-le-Grand.
S.174: Aldi Rossi, Laubenganghaus, Gallaratese bei Mailand.
S.177: Aldo Rossi, Friedhof San Cataldo, Modena.
S.180: Babilonia Magna, Abtei St.Pierre, Moissac, Kreuzgang.
S.183: Salle haute, Abtei St.Pierre, Moissac.
S.188: Das himmlische Jerusalem, Bamberger Apokalypse, Folio 55r, Bamberg, Staatsbibliothek.
S.189: Das himmlische Jerusalem, Abtei Saint-Aubin, Angers, Kreuzgang, Fresko.
S.190: Das himmlische Jerusalem, Braunschweig, Dom, Vierung.
S.191: Hieronymus Bosch, Die Anbetung der Könige. Das Bronchorst-Bosschuyse-Triptychon, Madrid, Prado.
S.193: Hieronymus Bosch, Die Versuchung des Antonius, Lissabon, Museu National de Arte Antiga.
S.195: Meister des Turiner Stundenbuchs (Hubert van Eyck), Kreuztragung, Budapest, Museum der bildenden Künste.
S.196: Nach Jan van Eyck, Kreuzigung, Venedig, Cà d`oro.
S.197: Zikurrat, Ur, (rest.).
S.198: Ruine Zikurrat, DurKurigalzu, (unrest.).
S.202: Cornelis Anthonisz, Der Fall des babylonischen Turms, Berlin, SMPK, Kupferstichkabinett.
S.203: Pieter Bruegel, Der Turmbau zu Babel, Rotterdam, Museum Boijmans Van Beunigen.
S.209: Sandro Botticelli, Inferno, Vor den Toren der Stadt Dis, Berlin, Kupferstichkabinett (Botticelli/Codex Hamilton 201, Inferno VIII).

S.210: Sandro Botticelli, Inferno, Die Furien auf dem Turm, Vatikanstadt, Biblioteca Apostolica Vaticana, Codex Reg.Lat. 1896, fol. 97v.
S.211: William Blake, Der Engel öffnet das Tor von Dis, Hell Canto 9, Melbourne, National Gallery of Victoria.

Drucknachweise:

Angegeben wird der Ort der Ersterscheinung. Für dieses Buch wurden sämtliche Beiträge nochmals durchgesehen und teilweise überarbeitet.

Schreckbild Stadt. Stationen moderner Stadtkritik, in: Die alte Stadt 1/86.

Der Untergang der Städte, in: Frankfurter Hefte, 6/83.

Stadt und Krieg, Originalbeitrag.

Endzeiten, Originalbeitrag.

Die Stadt unter der Erde. Streifzüge durch die Unterwelt der Metropolen, in: Frankfurter Rundschau 10/86.

Ruinen. Eine Spurensuche, in: Neue Rundschau 4/87.

Von Rom nach Las Vegas. Zum historischen Sinn postmoderner Architektur, NDR 2/1986.

Jerusalem, Babylon, Dis. Architektur im Jenseits, Originalbeitrag.

Wolfgang Sofsky
bei KDP/Amazon; London/Leipzig/Wroclaw.
erhältlich weltweit bei Amazon

Stadt, Endzeit, Architektur. Essays (2022)
br., 212 Seiten, 36 SW-Abb., 11,80 €
Mysons Gelächter. Alte Geschichten (2020)
br., 220 Seiten, 19 SW-Abb., 12,80 €
Macht und Stellvertretung (2019)
br., 112 Seiten, 9,80 €
Luftgeister (2019)
br., 212 Seiten, 50 SW-Abb., 11,80 €
Laster. Gesichter der Unmoral (2018)
br., 258 Seiten, 24 SW-Abb., 12,80 €
Privatheit (2018)
br., 156 Seiten, 9,80 €
Koalitionen (2017)
br., 140 Seiten, 9,80 €
Denkbilder (2017)
br., 160 Seiten, 43 SW-Abb., 10,80 €
Lautlos. Kurze Geschichten (2017)
br., 134 Seiten, 7,80 €
Prinzip Sicherheit (2016)
br., 162 Seiten., 8,90 €
Todesarten. Bilder der Gewalt (2015)
br., 280 Seiten., 30 SW-Abb., 12,80 €